Healing in Writing

글쓰기치료

-이론과 실제

지은이 | 채연숙

독일 FPI 문학치료트레이너, 독일문학치료학회 회원,
독일 연극 & 드라마치료 회원, 오스트리아 비엔나대학 문학박사,
현 경북대학교 유럽어교육학부 독어교육전공 교수
　경북대학교 학과간 협동과정 대학원 문학치료학과 강의

저서 |『크리스티네 부스타의 시세계』(1992),『서정의 침몰』(1998)

역서 |『독일 서정시 입문 - 창작, 이해 그리고 수용』(1999),『기억의 공간』(2003, 공역),
『문학은 아직도 고혹한 피의 작업』(2004, 공역),『제국의 종말 지성의 탄생』(2008, 공역)

논문 |「문학과 영화 속의 우울 장애」
「통합 문학치료의 한국적 수용 및 적용 - 정신 병리적 사례를 통한 한국과 독일의 문화」
「감성적 자아의 문학 치유 과정」
「한국과 독일의 정신건강 정책비교」외 문학치료와 현대사회의 정신병리 관련 논문 다수

글쓰기치료 Healing in Writing - 이론과 실제

초판 1쇄 2010년 1월 11일 | **개정 9쇄** 2025년 8월 11일
지은이 채연숙 | **펴낸이** 허영우 | **펴낸곳** 경북대학교출판부
출판등록 1973년 10월 10일㉣ 97호 | **주소** 대구광역시 북구 대학로 80
전화 053) 950-3830 | **FAX** 053) 953-4692
이메일 press@knu.ac.kr | **홈페이지** http://knupress.com
ISBN 978-89-7180-329-5 93800

값은 표지 뒷면에 있습니다.
잘못 만들어진 책은 바꾸어 드립니다.

Healing in Writing

글쓰기치료

-이론과 실제

채연숙 지음

경북대학교출판부

머 리 말

몇 해 전, 한국에 문학치료가 처음 들어왔을 무렵 나는 〈글쓰기치료〉라는 강의를 한 적이 있었다. 그 당시 강의를 하면서 나는 다행히도 아리아드네의 실타래와 같은 나의 기억과 만날 수 있었다. 동시에 이런 실타래는 아픈 기억이라는 심연으로 들어가지 않는 사람에게는 애초부터 존재하지도 않는다는 것도 알게 되었다. 물론 그러한 기억의 미궁으로 들어가는 것조차 간단한 일이 아니라는 것도 깨달았다. 왜냐하면 글쓰기를 통해 우선 내가 가진 내면의 상처들과 만나야 했고, 그렇게 만난 나의 내면은 내게 늘 달가운 손님만은 아니었기 때문이다. 그런데 참 이상했다. 왜 나는 이토록 오래 나의 상처들을 깊은 지하 속에 꼭꼭 숨겨 놓았을까? 강의를 하는 동안 나는 거의 매일 나 자신을 기록하였다. 나와 글쓰기와의 만남은 이렇게 시작되었다. 물론 이러한 글쓰기 과정은 실제 문학치료 세팅에서 즉흥적으로 쓰는 텍스트와는 조금 차이가 있다. 전자가 일종의 자발적 자기고백이라면 후자는 무의식적 자아의 발견이라 할 수 있다. 글쓰기가 정서적 자아 상태라면 문학치료 과정에서의 글쓰기는 특정한 분위기적 자아 상태라 할 수 있다.

문학치료 과정에서 기존의 문학 텍스트나 동작, 음악 등을 듣고 각자의 느낌을 적거나 그것을 정해진 문학 형식으로 글을 쓰는 작업은 참여자들의 자발성과 창의성에 주안점을 두기 때문에 참여자들이 텍스트를 듣거나 읽은 이후가 매우 중요하다. 왜냐하면 글은 쓰는 것 자체로 많은 생각과 정리를 요구하는 데 반해 문학치료는 항상 '지금 현재' 상태의 느낌과 기분에서 출발하기 때문이다. 따라서 참여자가 어떤 텍스트를 쓸지는 그때그때 상황이나 분위기에 따라 시시각각 달라질 수 있다. 이러한 특성 때문에 문학치료 과정에서 참여자가 쓴 텍스트는 그것이 시든 산문이든 그 과정이 끝나고 나면 의미가 반감되는 경우가 많다. 참여자가 그린 그림이나 창작물도 마찬가지다. 이것은 마치 시인이나 작가가 자신의 작품을 보고 '내가 쓴 것이 아닌 것 같다'라고 말하며 거리를 두는 것과 같다. 시간이 지나면 모든 창작물은 그것을 만든 사람과의 거리 두기가 일어난다. '작가는 죽고' 텍스트는 새로운 생명을 얻게 되는 것이다. 하지만 문학치료에서는 이것만으로 끝나는 것이 아니다. 참여자는 글을 쓰는 동안에는 작가로서의 자의식을 체험하는 것은 물론, 그것을 다양한 각도로 읽게 되는 독자의 기능을 동시에 할 수 있다는 데 문학치료의 진정한 치유적 의미가 있다. 그래서 "무대에서는 누구든 배우가 될 수 있다"는 아우구스토 보알의 연극치료에서처럼 여기서도 누구든 작가가 될 수 있다.

그런 맥락에서 보면 글쓰기치료에서의 글쓰기는 결국 자기 기록이자 자가분석적 과정이라 할 수 있다. 그것이 지난 시절의 과거를 기술한 것이든 지금 코앞에 놓인 문제를 기술한 것이든, 그러한 글 속에는 문제에 대한 생각과 반성이나 자기 성찰이 들어 있기 때문이다. 이 때문에 글쓰기치료나 문학치료가 '지적인' 교양을 어느 정도 갖춘 사람들을 위한 특정한 심리치료로 받아들여지는 경우도 종종 있다. 한걸음 더 나아가 글을 쓴다는 것은 정제된 나의 생각이 어떠한 여과도 없이 그려지는 내면의 밑그림이자 몸의 일기라 할 수 있다. 여기에 글쓰기의 치유적 힘이 녹아 있다 하겠다. 그래서 글쓰기 치료는 장기적으로 수행되는 것이 효과적이다. 이것은 우리가 작가나 시인들을 보면 잘 알 수 있다. 그들은 끊임없이 시를 쓰고 소설을 쓴다. 다시 말해 지속적인 글쓰기를 통해 자가 치유적 활력을 얻는다. 그렇게 보면 작가와 시인들은 모두 글쓰기치료를 실천하는 사람들이다. 평소에 일기를 – 굳이 저널치료까지 언급하지 않더라도 – 쓰거나 메모하는 사람도 그런 범주에 속한다고 볼 수 있다. 무언가를 쓴다는 것은 결국 나에 대한, 나를 위한 그리고 나에 의한 글쓰기 치유 행위이자 치유의 노정이기 때문이다.

이 책의 제1장에서는 글쓰기치료의 역사와 이론적 배경, 글쓰기치료의 종류, 제2장에서는 글쓰기치료의 원리와 기술, 제3장에서는 글쓰기치료의 매체, 그리고 제4장에서는 글쓰기치료의 실제 사례들을 다루었다. 책에서 기술된 내용 대부분은 필자가 그동안 유럽 정신건강 아카데미EAG(Europäische Akademie für psychosoziale Gesundheit) & 독일 프리츠 펄스 연구소FPI(Fritz Perls Institut), 그리고 독일드라마연극치료학회에서 수료하였던 문학치료사 과정에서 나름대로 배우고 익힌 것을 우리나라의 치료 문화에 맞게 수용한 것임을 미리 밝혀둔다. 무엇보다도 FPI 연구소의 소장인 일제 오르트Ilse Orth와 페촐트Hilarion Petzold 교수의 초청으로 2008년도 한 해를 오로지 문학치료에 전념할 수 있었던 것은 필자에게 커다란 행운이자 자가치료의 기회였다. 이곳에서야 비로소 치료학의 출발은 병리학이 아닌 건강학이라는 것을 알 수 있었다. 끝으로 이 책은 문학치료가 한국에 처음 들어올 때부터 필자와 함께한 많은 사람들의 애정과 노력으로 탄생된 것이다. 그동안 문학치료의 노정을 묵묵히 걸어 온 모든 사람들에게 감사의 마음을 전한다.

2009년 12월 독일 FPI에서

채연숙

차 례

Sarah & Rex에게

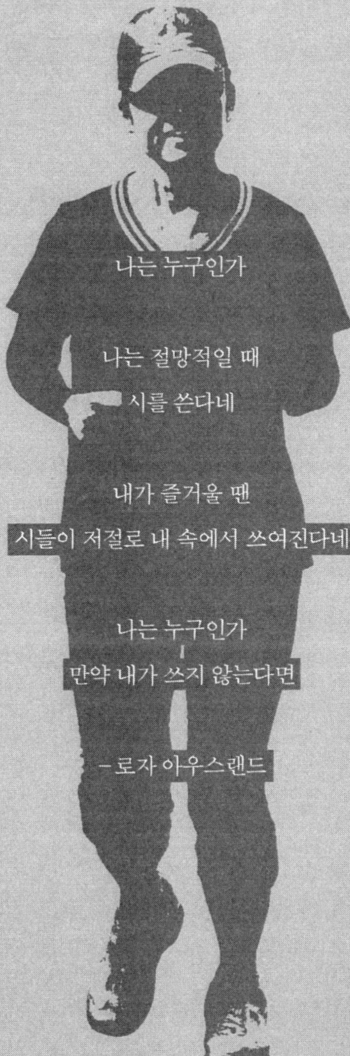

나는 누구인가

나는 절망적일 때
시를 쓴다네

내가 즐거울 땐
시들이 저절로 내 속에서 쓰여진다네

나는 누구인가
만약 내가 쓰지 않는다면

– 로자 아우스랜드

chapter I

글쓰기치료의 역사

chapter I 01

글쓰기치료의 역사

최근 출판된 글쓰기치료 관련 저서 대부분은 태고 이래 주술적인 영역이나 종교적인 의미에서 환자들을 치료하기 위해 글쓰기치료가 시작되었다고 소개하고 있다. 물론 여기서 말하는 글쓰기치료의 역사는 언어나 말을 사용하는 문학치료 전반을 통칭하는 것이다. 글쓰기치료의 역사는 분명 우리 인간이 글이라는 도구를 사용하면서부터 시작되었을 것이다. 다시 말해 인간이 글을 쓰게 된 배경을 거슬러 올라가면 글쓰기치료가 언제부터 본격화되었는지를 알 수 있을 것이다.

그렇다면 우리 인간은 언제부터, 어떤 연유로 글을 쓰게 되었는가? 물론 잘 알려진 바와 같이 인간이 문자를 발명한 이래 글쓰기는 마음을 치유하는 수단으로 사용되어 왔다. 또한 사람들은 글쓰기를 통해 심상을 구체적인 언어로 형상화하는 능력은 물론 인지적인 능력 또한 현저하게 키울 수 있다고 보았다. 왜냐하면 글쓰기는 스스로의 감정과 생각을 분리하여 일정한 거리를 갖도록 해주는 데 결정적인 역할을 하기 때문이다.

이처럼 수 세기 전부터 문자는 정신건강 분야에서 손쉬운 치료 방법으로 사용되어 왔다. 글쓰기에 치유적 힘이 있다는 것은 고대부터 익히 알려진 사실이다. 그 외에도 자기 스스로를 알고, 실수를 교정하고, 고통을 표현할 뿐만 아니라 고통을 없애기 위한 목적을 가진 글쓰기 활동은 글쓰기치료가 탄생한 유럽에서도 이미 오래전부터 존재해 왔다. 예컨대 치료를 위한 글쓰기는 사회가 크고 작은 위기를 거쳐 올 때마다 즐겨 사용되었으며, 개개인이 커다란 변화 속에서도 심신의 안정감을 잃지 않도록 도와주는 역할을 하여 왔다. 이처럼 치료를 위한 글쓰기는 일차적으로 자가처치법이자 자기 스스로를 도와주는 유익한 도구의 기능을 하였다고 볼 수 있다.

글을 쓴다는 것은 인간이 소통을 하기 위해 사용하던 아주 오래된 형식이며, 그 역사는 고대 그리스 시대까지 거슬러 올라간다. 가령 고대 그리스인들은 평소 고민이 있거나 중대 사안을 결정할 일이 있으면 아폴론 신전을 찾았다고 한다. 이들은 대대로 태양의 신 아폴론이 예언과 신탁을 통해 인간에게 메시지를 전해 준다고 믿었기 때문이다. 이것이 계기가 되어 개인적인 사소한 일은 물론 국가적으로 막중한 사안들까지도 아폴론 신전의 신탁을 통해 결정되었는데, 이때 이곳을 찾은 사람들은 아폴론 신전의 현관 기둥에 깊게 새겨진 '너 자신을 알라Erkenne dich selbst'는 경구를 읽으며 글이 가진 의미를 되새기곤 하였다고 한다.

이와 같이 고대로부터 인간은 안다는 것을 매우 중요하게 여겨 무언가를 통해 남기고 되새기는 작업을 반복하였다. 여기서 이들이 생각하는 글은 그저 단순한 글이 아니라, 이들을 변화시키고 현실을 직시하는 예지의 힘 자체이자 지나간 것에 대한 소중한 흔적이었다고 볼 수 있다. 이것은 하나의 예에 불과하지만 우리가 일상에서 부딪치는 모든 일들을 제대로 보지 못하고 인지하지 못하는 것에서 일어나는 경우가 허다하다. 이처럼 고대 그리스인들에게 글은 인간의 예지력과 자아 인지력을 가져다주는 도구이자 매체였던 것이다. 이러한 역사적 배경을 거쳐 탄생한 것이 바로 작금의 글쓰기치료이다.

그러나 글쓰기치료가 이처럼 고대 이후부터 실천되고 있었던 것에 비하면, 글쓰기 행위 그 자체가 치료적 힘을 가지고 있다는 사실을 인식하게 된 것은 역사가 그리 오래 되지 않았다. 19세기 중반, 정신병 환자들이 병원 신문에 시를 썼다는 기록이 있지만, 글쓰기치료가 이론적인 뿌리를 본격적으로 내리게 된 것은 1970년대 유럽 전역에서 일어난 정신건강 운동 덕분이라고 해도 과언이 아니다. 이때 독일 전역에서 생겨난 것이 〈글쓰기 공방〉이나 〈문예창작 아카데미〉, 그리고 〈문학치료 아카데미〉 등이다. 최근 들어 유럽을 포함하여 전 세계적인 운동으로 널리 퍼진 〈창의적인 글쓰기Creative Writing〉의 흐름은 정신분석치료, 대화치료, 자발적 정신건강치료 등과 같은 심리치료 영역들이 뿌리를 내리고 난 이후 〈창의성 강화 및 정신건강 치료 기법Healing in Writing/Writing to Heal〉으로 발전되어 나갔다. 또한 이것이 문학적 형식의 주된 치유 영역인 독서치료나 문학치료로 널리 퍼져 나갔다고 볼 수 있다. 최근 들어 독일에서는 각 도시마다 글쓰기치료와 관련된 다양한 모임이나 클럽들이 매우 활성화되고 있는 것을 쉽게 찾아볼 수 있다.

그 밖에도 미국 독서치료자들에 의하면 미국에서는 19세기 초부터 이미 정신적으로나 육체적으로 건강하지 못한 사람들에게 책읽기와 글쓰기를 권장했다고 한다. 이것이 점차 현대로 오면서 시 쓰기나 일기 쓰기, 전기 쓰기나 생애사 기술하기, 그리고 전쟁을 실제로 경험한 군인들의 트라우마 기술하기 등으로 발전되어 왔다고 전하고 있다.

이런 과정을 거쳐 오면서 글쓰기치료는 하나의 독립적인 치료 영역으로 점차 뿌리를 내리게 되었을 뿐만 아니라 정신건강을 치유하는 기술과 이론의 일종으로 발전하게 되었다. 이처럼 글쓰기를 통한 심리치료가 정신적인 질병은 물론 신체적인 질병에 이르기까지 치료 효과가 있다는 것이 사례를 통해 소개되면서부터 정신병원에서 치료 기법으로 사용되기 시작하였는데, 세계적으로 잘 알려진 미국의 A. 러너, J. 리디, M. 헤로워 등이 여기에 속한다. 이들은 미국시문학치료학회NAPT(The National Association for Poetry Therapy)를 통해 글쓰기치료나 시치료가 가진 치료적인 효과를 널리 소개한 선구자들이기도 하다.[1]

미국의 글쓰기치료나 시치료가 주로 NAPT를 중심으로 이루어지고 있다면, 유럽에서의 문학치료는 독일의 FPI가 주도적으로 이끌어 가고 있다고 해도 과언이 아니다. 독일 휘케스바겐Hückeswagen에 소재한 이 연구소는 1972년부터 통합 표현예술치료 및 문학치료 워크숍을 병행하여 독일문학치료학회가 설립되는 토대를 마련하였다. 페촐트 교수와 일제 오르트에 의해 설립된 FPI는 현재 심리치료뿐 아니라 문학치료의 이론과 실제를 대중화하는 기관으로 발전을 거듭하고 있다.

그 외에도 1980년대 '감정적 글쓰기'나 '표현적 글쓰기' 방법을 통해 감정표현치료Expressive Emotions Therapy를 발전시킨 W. 페니베이커가 있다. 아울러 이러한 흐름이 70년대에는 독일의 페촐트 교수와 일제 오르트를 중심으로 유럽 정신건강 아카데미로 이어졌다고 볼 수 있다.[2] 지난해 창립 25주년을 맞은 FPI는 현대인의 정신건강을 위한 다양한 세미나와 워크숍을 개설하고 있는데, 최근 들어서는 정신건강 강화 프로그램뿐 아니라 자발성, 창의성, 잠재력 개발 등 일반적인 능력을 향상하고 일상생활의 균형성을 강화하는 생활 코치 프로그램들을 개설하고 있는 추세이다.

현재 한국에서 활성화되고 있는 문학치료 이론 및 표현예술치료의 이론

---

1 Lutz von Werder/ Barbara Schulte-Steinicke(2008), *Schreiben von Tag zu Tag*, Düsseldorf, 114쪽 이하를 참조할 것. 이 책은 치유적 글쓰기의 역사와 효용성에 대해 상세히 다루고 있으며, 저자 중 한 사람인 루츠 폰 베르더 교수는 독일에서 글쓰기치료를 대중화하는 데 많은 기여를 하였다.

2 이에 대한 자세한 내용은 James W. Pennebaker(2007), 이봉희 역, 『글쓰기치료』, 학지사를 참조할 것.

과 실제는 대부분 미국을 통해 수용된 것이다. 이유는 간단하다. 그동안 한국에 들어온 관련서적들 대부분이 미국의 문학치료협회나 심리치료 연구자들의 것이기 때문이다. 그러나 그러한 발전사를 좀 더 자세히 들여다보면 미국에서 꽃핀 표현예술치료나 상담이론 역시 그 원류를 독일에 두고 있음을 알 수 있다. 2차 세계대전을 전후하여 수많은 독일계 유대인 학자들이 나치를 피해 미국으로 갔으며, 이들의 이론이 미국에서 수용되었기 때문이다. 나치들을 피해 미국으로 건너간 독일계 유대인 학자들을 통해 수용되었다는 흥미로운 사실을 찾아볼 수 있다. 실제로 독일 FPI를 설립한 페촐트 교수 또한 70년대 초반까지는 뉴욕에 치료센터를 운영하다가 지금의 휘케스바겐으로 옮겨온 학자 중의 한 사람이다. 그 외에도 심리치료 영역의 이론들은 그 출발점이 프로이트의 정신분석학이나 프리츠 펄스Fritz Perls의 게슈탈트 이론으로 거슬러 올라간다. 결론적으로 글쓰기치료의 역사는 오랜 기간을 통해 실용화된 인간의 가장 소박한 치료기술 중의 하나로, 지금 이 순간에도 여러 문화권에서 다양한 영역에서 사용되는 동시에 발전을 거듭해 나가고 있다고 할 수 있다.

글쓰기치료의 역사를 거슬러 올라가면 결국 치료적 글쓰기 활동은 사회의 해악에 대한 저항과 자기 자신의 인생사가 가진 고통과 인생 역경을 극복하기 위한 노력에서부터 시작되었다는 것을 잘 알 수 있다. 인간이 고통을 견디기 위해 자신의 고통을 다른 사람에게 전달하거나 혹은 자기 스스로에게 기록을 남기는 행위를 하였던 것이 최종적으로 글쓰기치료의 근간이 된 것이다. 하지만 현대인들이 보이는 정신병리의 양상이 더욱 복잡해지고 개개인이 가진 문제와 고통의 양상도 다양화되면서 글쓰기치료의 역사도 새로운 전환기를 맞이하고 있다. 예를 들어 21세기의 개인은 글쓰기치료를 통해 창의적인 자아의 발견은 물론 치유적인 자아의 정체성 확립을 더욱 강화하고자 한다. 여기서 중요한 것은 참여자들이 외부적인 세계, 즉 이들의 아픈 과거와 소외로부터 보호받고 이로부터 적당한 거리를 갖도록 유도하는 것이다. 이것이 바로 참여자들이 글쓰기치료를 통해 얻을 수 있는 내면의 정서라 할 수 있다. 여기에 글쓰기치료가 지속적으로 발전해 온 의미가 녹아 있다 하겠다.

글쓰기치료는 그저 역사를 거듭해서 발전해 온 과거형이 아니라 각 개인의 행복을 기약하는 현재형이자 미래형이라 할 수 있다. 다른 치료 영역에 비해 그리 긴 역사를 지니고 있지는 않지만 최근 들어 독자적으로 문학치료 영역 내에서, 혹은 연극치료나 드라마치료와 같은 영역에서 표현 예술적 에너지를 언어로 가져오는 데에 매우 유용한 기술로 쓰여지고 있다.

chapter I 02

글쓰기치료의 정의

글을 쓴다는 것은 스스로를 읽는 것이다.(막스 프리쉬)

일반적으로 읽기치료나 쓰기치료의 개념을 설명할 때 글쓰기라는 행위 자체로 거슬러 올라가는 경우를 종종 볼 수 있다. 그것은 글이 문자로 쓰여진 상태에서 읽혀지고 글로 쓰여지는 순간 '쓰기'라는 행위가 성립되기 때문이다. 이런 맥락에서 보면 문학치료에서 말하는 모든 활동은 일차적으로 글쓰기 행위 자체에서 시작된다고 볼 수 있다. 예컨대 독일어의 '(글을) 쓰다 schreiben'라는 단어의 유래를 살펴보면, 이 동사는 라틴어 'scribere'에서 유래하였는데 이 말은 곧 '석판에 글을 새겨 넣는 것'을 의미한다. 다시 말해 글을 쓴다는 행위는 본래 문자를 표기하여 기술하는 것을 말한다.

쓴다는 행위 자체가 문자로 기록하는 것임을 더욱 더 설득력 있게 말해주는 것이 "(입)말은 사라지지만 (글)말은 남는다Verba volant, scripta manent"는 라틴어 속담이다. 글을 쓴다는 것은 무엇을 남기기 위한 것이고 남는 것은 곧 무엇인가를 기록하는 성격을 갖게 되는 것이다. 이것이 본질적으로 글쓰기치료의 탄생을 알리는 신호탄이 되었다. 인간은 죽으면 이름을 남기듯 무엇인가를 남기기 위해 존재하거나 존재하기 위해 남긴다고 해도 과언이 아니다.

로제타스톤Rosetta Stone에 새겨진 이집트 상형문자

그 밖에도 글쓰기치료의 개념은 각 시대마다 그 양상을 달리하고 있는 것이 그 특징이다. 글쓰기치료 자체가 처음에는 참여자들의 삶을 되돌아보고 내면의 상처를 불러오는 등 자신들의 과거를 극복하는 것에서 출발하였지만, 점차 그 목적이 자기경험이나 자신이 가진 감각을 창의적으로 표현하는 데에 이르기까지 광범위하게 발전하고 있기 때문이다. 뿐만 아니라 글쓰기치료는 창의적인 예술치료는 물론 상담, 분석치료 등의 영역에서도 일부 주요한 기능을 발휘하고 있으며 미술, 음악, 영화 등과 같은 매체와는 달리 적용하기 용이하다는 점에서도 강점을 가지고 있다. 아울러 글을 쓴 후에 다른 사람들에게 전달하기도 쉽다. 글은 어디서나 어떤 주제를 가지고도 시작할 수 있다. 이러한 글쓰기치료는 기계화되고 상품화되어 가는 현대인들의 소박한 저항이라 할 수도 있으며 소비문화, 마약이나 사이버 중독, 환경오염, 삭막해져 가는 일상에 대한 내면의 저항이라 할 수 있다.

이런 맥락에서 보면 글쓰기치료의 근간은 당연히 전통적인 심층심리학이나 분석치료라 할 수 있는데, 이에 대해 프로이트는 “상처 받은 자아가 있는 곳에 창의적인 자아가 있다Wo das beschädigte Ich war soll das kreative Selbst werden”고 강조하고 있다. 실제로 프로이트, 융, 아들러 등은 글쓰기치료를 몸소 실천한 치료사들이라 할 수 있다. 문학 텍스트나 그것을 쓴 저자는 주인공에게 병을 줄 뿐만 아니라 동시에 그것을 치유할 수 있는 방법 또한 서술하고 있다. 가령 많은 참여자들이 치료를 받는 과정에서 자신이 쓴 동화나 소설, 드라마 작품의 재현 등을 통해 스스로가 가진 문학적 무의식을 드러낸다. 이들은 그 속에 자신들이 가진 문제를 해결할 수 있는 비밀의 열쇠를 동시에 제시하게 되는 것이다. 여기에 글쓰기치료의 치유적 에너지가 녹아 있다 하겠다. 이처럼 오랜 기간을 거쳐 글을 씀으로써 개개인이 가진 내면의 불안과 긴장이 완화되는 것은 물론 그러한 것에서 점차 벗어날 수 있게 되는 것이다.

그 밖에도 글쓰기치료의 정의는 상당 부분 글쓰기의 형식과 관련되어 있을 뿐만 아니라 글을 쓰는 참여자의 자기규정과도 밀접한 관련성을 띠고 있다. 왜냐하면 모든 글쓰기 활동을 글쓰기치료라고 말할 수는 없기 때문이다. 글쓰기치료에는 반드시 글을 쓰는 사람의 자기정의가 수반되어야 한다. 다시 말해 글을 쓰는 이유, 글을 쓰는 의미 및 글의 성격 등을 시작부터 결정해놓고 글을 쓰는 활동을 해야 한다는 것이다. 일반적으로 일기를 매일 쓰는 사람들을 보면 이러한 글쓰기 규정을 자동화하는 경우가 많다. 일기를 기록하는 사람들은 일기를 적어가는 과정에서 하루의 일과나 기록하는 내용의 배경을 어느 정도 정의하고 정리하는 활동을 하게 된다. 그냥 막연히 적어내려가는 일기의 내용일지라도 글을 쓰는 과정에서 아무리 사소한 일이라도 글을 쓰는 사람의 입장에서 정리되고 마무리된다. 이를 통해 그 다음에 무엇을 행동으로 옮겨야 할지, 무엇을 다음의 과제로 삼아야 할지가 명확해진다. 이렇게 일상적인 기억이 강화되고 강화된 기억은 글을 정리하는 사람의 행동을 계획된 방향으로 이끌어 가게 되는 것이다. 그래서 일기를 쓰는 사람들은 대부분 빈틈이 없고 매사 행동과 언사가 명확한 경우가 많다. 이것은 우리가 일상생활에서도 쉽게 찾아볼 수 있지만 문학 작품의 인물들에서도 흔히 찾아볼 수 있다. 이러한 맥락에서 일기라는 글쓰기 형식은 글쓰기치료의 가장 단순한 기술이자 동시에 가장 손쉽게 실천할 수 있는 방법이라 할 수 있다.

일반적으로 글쓰기치료가 그저 쓰기를 통해 치료하는 것으로 알려져 있지만 실제로 글쓰기치료는 단순한 글쓰기가 아니라 다양한 글쓰기 방법을 적절히 치료적으로 사용하는 것이라 할 수 있다. 글쓰기 행위 자체는 그 중 하나의 방법에 불과하다. 가령 우리가 글쓰기치료란 무엇인가라는 질문을 받으면, 글쓰기치료가 '글을 쓰면서 치료를 받는 것', '글쓰기를 통해 정서적으로 안정을 찾고 생활의 활력을 가져다주는 자가 치유법', '글쓰기 훈련', '글쓰기의 테크닉을 제대로 알고 하는 행위', '글쓰기를 통해 위로와 보상을 받는 것', 그리고 '글쓰기로 병을 고치는 것' 등 대부분 시치료에 속하는 표현 영역의 개념으로 소개되고 있는 것을 알 수 있다.

하지만 이 책에서 말하는 글쓰기치료란 말 그대로 글쓰기Schreiben, Writing와 치료Therapy가 조합된 개념을 말한다. 뿐만 아니라 글쓰기치료는 인간의 기억 매체인 문자의 개념과도 많은 관련성이 있다. 왜냐하면 결국 글쓰기치료 또한 인간의 내면에 각인된 기억의 보존 장치인 문자를 통해 효력을 얻을 수 있기 때문이다. 다시 말해 문자를 거치지 않고는 글쓰기치료가 가능하지 않다는 것이다.

이런 맥락에서 문자의 비유에 해당하는 밀랍판, 책, 재록 양피지가 글을 쓰는 사람의 기억 내지는 상처라고 한다면 여기에 새겨 놓은 글자를 의미하는 그리스어 'Charakter'는 글을 쓰는 행위에 해당된다. 즉 글을 쓴다는 것은 글 속에 기억이나 상처를 새긴다는 것과 같다고 볼 수 있다. 또한 치료

Therapy라는 개념을 보면, 이것은 그리스어 'therapeia'에서 유래된 말로 '누군가를 신체적·정신적으로 돕거나 돌본다'는 의미를 가진다. 따라서 글쓰기치료나 문학치료는 엄밀히 말해 지지의 성격을 띠는 것이 원칙이나, 치료적인 구조를 가진 경우는 지원의 성격 또한 포괄한다고 볼 수 있다.

이처럼 글쓰기와 치료가 만난 글쓰기치료는 예술적이면서 동시에 뇌과학적인 특성을 가진다. 예술은 주관성, 개인성, 창조성, 그리고 심미감과 관련되며 치료는 객관성, 보편성, 구체성과 관련된다. 글쓰기치료의 실제적인 정의로서 대표적인 것을 몇 가지 살펴보면, 글쓰기치료를 구체적으로 이해할 수 있을 것이다.

먼저 글쓰기치료는 글쓰기가 도구가 되어 치료의 목적을 이루는 것을 말한다. 일반적으로 쓰여진 글과 글쓰기치료에서의 글의 차이를 보면, 작가들에 의해 쓰여지는 텍스트가 독자라는 대상을 늘 염두에 두고 쓰여진다면, 글쓰기치료에서 쓰여지는 글은 일차적으로 글쓰기치료에 임하는 참여자 자신을 위해서 쓰여진 것이다. 다시 말해 자기 자신을 명확하게 언어적으로 표현하는 데 비중을 두기 때문에 우선 자신을 명확하게 이해하는 것이 전제되어야 한다. 뿐만 아니라 글쓰기치료에서 생산되는 텍스트들은 시간과 공간 속에서 움직이는 구조화된 표현들이다. 글쓰기의 구성 요소에는 은유, 표현, 상징, 형식, 문체, 표현방식 등이 포함되는데, 이러한 요소들은 각각 독립적으로 영향을 미치거나 전체로서 그 특성을 나타내기도 한다.

그 외에도 1980년 다양한 표현예술치료 영역을 통합한 NAPT가 생기면서 Poetry Therapy라는 개념을 시 쓰기를 강조하는 시치료로 사용하는 또 하나의 흐름이 있다. 보통 문학적 형식에 따라 분류하는 읽기치료Bibliotherapy와 쓰기치료Poetrytherapy가 있지만 필자가 말하는 글쓰기치료는 결국 '글을 만들다, 창작하다'라는 어원의 'Poiesis', 'poietike'를 따른 매우 심층적인 글쓰기 행위에서부터 시작하여 매일 자신을 메모하고 일상적인 느낌이나 생각을 기록하는 등의 매우 적극적인 글쓰기까지를 포함한다. 이러한 글쓰기치료 정의에서 중요한 것은 글을 쓰는 사람이 자신의 글 — 시든 산문이든 간에 — 속에 자신만의 형상을 만들어내고 자기 자신을 드러내어 자기만의 형태를 만들어 내는 것을 의미한다.

이와 같이 글쓰기가 치료적인 기능을 가지려면 첫째로 치료 목적을 포함한 치료계획이 설정되어야 하고, 둘째로 치료를 받는 대상자가 있어야 하며, 셋째로 훈련된 문학치료사의 적절한 중재와 개입이 있어야 하고, 마지막으로 어떤 형태로든 글쓰기나 글쓰기 활동이 동반되어야 한다는 것을 기본전제로 한다. 글쓰기치료가 좁게는 심리치료의 한 방법으로 쓰이기도 하지만 넓은 의미로는 인생의 목표를 설정하거나 삶의 위기를 극복하기 위한 하나의 소박한 실천이라 할 수 있다. 결국 글쓰기치료 또한 글을 쓰는 과정을 통해 마음의 상처를 찾아내고 그것을 다시 긍정적인 체험으로 수용하려는 치유 과정이기 때문이다. 대부분의 이론가들은 일상적으로 간단한 메모를 하거나 평소의 생각을 글로 옮기는 행위 자체만으로도 글쓰기치료가 될 수 있다고 본다. 이것은 본래 글쓰기치료란 말이 시치료Poesietherapy에서 발전된 개념으로 고대 시학에서 말하는 'Poietike', 즉 '만들다, 창작하다'라는 말이 주는 일체의 창작활동을 포괄하는 까닭이다. 따라서 글쓰기치료는 거창한 시를 써야 한다거나 대단한 작품을 창작해야 된다는 데서 출발하는 것이 아니라 그저 소박한 심정을 자기 정서로 표현하는 순간에서 시작된다고 본다. 결론적으로 글쓰기치료는 쓰기치료와 읽기치료를 통괄하는 의미로 사용되어, 최근 들어서는 이 둘을 분리하지 않고 문학치료라는 개념으로 사용되어 발전하고 있는 추세이다.

chapter I 03

글쓰기치료의 이론적 배경

무엇이 남는가? 마지막으로 남은 것은 무슨 의미일까?(자크 데리다)

글쓰기 활동 자체를 볼 때 글쓰기치료의 이론적 배경은 애초부터 치료성을 강조하는 것이 아니라 글을 쓰는 과정에서 자발적으로 일어나는 자의식 강화, 일상의 정리, 마음 다스리기 등을 통해 유병률을 감소시키는 예방학에서 출발하였다고 해도 과언이 아니다.

글을 쓴다는 것은 어떤 주제에 대한 내면의 정서를 언어로 옮기는 과정이다. 따라서 그러한 과정을 통해 일어날 수 있는 심경의 변화는 실로 언어로 전환될 수 없을 정도로 무한하다. 이 때문에 글쓰기치료를 해명하고 대변해 줄 수 있는 다양한 이론들이 통합적으로 필요한 것은 당연하다. 무의식, 유년의 기억, 응축과 치환 개념을 포괄하는 프로이트의 정신분석학, 융의 적극적 상상, 자발성, 개인화, 개성화 개념, 인간의 정신건강을 병리학Pathogenese적 관점으로 보기보다는 건강학Saluthogenese의 관점에서 본 페촐트의 정신건강학 모델, 모든 인간은 태어날 때부터 창의적인 표현능력을 가지고 태어난다는 '창의적인 인간학Anthropologie des schöpferischen Menschen' 등을 그 예로 들 수 있다.

이들 이론 중 글쓰기 패턴을 통해 참여자 개개인의 형상을 만들어 나가는 게슈탈트 이론과 "무의식이라는 개념을 만든 사람은 내가 아니라 시인들이다" 라고 말한 프로이트의 이론이 글쓰기치료가 의지하는 주요 이론이다. 또한 융은 글쓰기치료를 치료 모형이 아니라 발달 성장 모형으로 보았다. 물론 글쓰기치료가 생산해 내는 텍스트적 특성은 구조화된 텍스트들로써 이미 이러한 형식 자체가 치료의 과정이 된다고 볼 수 있다.

따라서 글쓰기치료와 관련된 이론으로는 텍스트와 관련된 다양한 (인)문학 및 철학적 배경, 정신분석학, 분석심리학, 게슈탈트 이론, FPI의 통합적 문학치료 이론, 그리고 최근 몸의 기억과 관련한 요아힘 바우어의 뇌신경과학 등을 들 수 있다. 그 외에도 글쓰기치료를 좀더 수월하게 진행하는 데 필요한 대화기법으로 상담학이나 교육학, 인지언어학 등이 포함되겠지만 여기서는 필자가 글쓰기치료를 수행하는 가운데 이론과 실습 측면에서 가장 상호 관련성이 많은 이론들을 중심적으로 살펴보고자 하였다.

(인)문학적 배경 및 철학적 배경

글쓰기치료를 비롯한 다양한 심리치료의 역사를 들여다보면 대부분의 철학자들이 이미 정신건강을 위한 자가치료를 실천하여 왔음을 알 수 있다. 고대를 거쳐 현대에 이르기까지 철학은 삶의 의미가 무엇인지, '나'라는 존재는 무엇인지, 그리고 나는 무엇을 느끼는지 등과 같은 자아와 관련된 모든 물음에 심취하여 왔다. 이들은 인간이 어디에서 왔으며 어디로 갈 것인가를 끊임없이 자문하여 그에 대한 답을 궁구하는 과정에서 이미 심리치료를 스스로 삶에 적용하여 온 것이다. 이런 맥락에서 최근 통합적 예술치료나 문학치료에 이어 새롭게 주목을 받고 있는 철학치료, 휴먼테라피 등은 충분히 설득력이 있다.

뿐만 아니라 앞에서 글쓰기치료의 역사를 다룬 장에서 언급한 바와 같이, 고대 그리스 델포이의 아폴론 신전에 새겨진 '너 자신을 알라'는 문구는 고대 철학자들이 인간사의 모든 고통과 절망이 결국 자신에서부터 비롯된다는 것을 인식하고, 자신을 제대로 바라볼 수 있을 때만이 그러한 고통의 터널에서 벗어날 수 있다고 믿었음을 암시한다. 이들은 자아의 실체를 제대로 볼 수 있을 때 비로소 자기반성의 인식이 생긴다고 보았던 것이다.

하지만 이것이 얼마나 어려운지는 누구나 아는 사실이다. 예컨대 절망에 빠지거나 힘겨운 일로 고통당할 때 진정으로 내면의 소리를 듣고 그것을 실천하는 것은 쉬운 일이 아니다. 이처럼 신이 아닌 인간이 가진 한계를 수용하고 자신의 능력을 가늠하여 받아들일 때 내면의 자아가 빛을 발하는 것이라고 이들은 보았다. 이를 통해 고대 철학자들이 말하는 '너 자신을 알라'는 철학적 자기반성이나 자기 성찰이라는 개념으로 발전할 수 있었다. 이것은 선인들이나 작가들이 유년을 반성하고 회고하면서 집필한 회고록, 일기, 서한, 자기 고백론 등으로 가시화되었다. 고대는 물론 근대, 현대를 거쳐 오면서 수많은 철학자들이나 예술가들은 자신들의 유년이나 옛 기억을 회고하면서 현재의 위치를 정리하는 서한집이나 전기, 일상을 그린 일기나 에세이를 집필하였다. 소크라테스의 내면의 소리, 아리스토텔레스의 자각론, 루소의 고백론, 몽테뉴의 자기 관찰기, 그 밖에 일일이 셀 수 없을 정도로 많은 시인들의 일기집이나 서한집 등은 글쓰기를 통해 자신을 발전시키고 회고하는 대표적인 치료 구조로 볼 수 있다. 그 중에서도 특히 아리스토텔레스의 『시학Poetics』은 감정을 치유하는 데 있어 카타르시스가 가져다주는 효능을 언급하고 있으며, 또한 통찰과 보편적 진리를 찾아가는 데 필요한 글쓰기의 가치를 논하고 있다. 카타르시스는 오늘날 정신치료나 심리치료에서 매우 중요한 관점으로 간주되고 있다. 이러한 철학적 성찰과 반성이 결국 문학적 글쓰기 형식인 생애사나 전기집, 일기나 서한 등의 글쓰기 방식으로 이어져 나갔으며 이것이 또한 정신과 병동이나 심리치료 영역에서 사용되는 글쓰기 활동으로 발전되었다.

다시 말하자면 글쓰기치료의 태동은 철학적 배경에서 비롯되었다고 해도 과언이 아니다. 왜냐하면 글을 쓰기 위해서는 글을 쓰는 자신과의 대화가 불가피한데, 자신과의 대화를 시작하기 위해서는 결국 자신을 돌아보아야 하며 그 과정에서 반성과 자기 정리를 위한 내면의 감정이입이 일어나기 때문이다. 따라서 철학적 이론의 배경이 글쓰기치료의 발전 과정에 미친 영향은 지대하다. 결국 이들이 강조하고자 하는 바가 자신을 제대로 보고 인식하는 데서 출발하고 있기 때문이다. 글 자체가 이들에게는 자신을 정리하는 가장 주요한 미디어였다. 따라서 글쓰기치료의 이론은 본질적으로 자아를 분석하고 성찰하는 철학에서 상당한 영향을 받았다고 볼 수 있다.

그 외에도 이론적 측면에서 통합적 방법론에 기초한 글쓰기치료의 배경은 1960년대 말 서구의 사회비판 이론이나 후기 구조주의의 영향에서도 찾아볼 수 있다. 여기에 속하는 이론가들은 부르디외, 들뢰즈, 푸코, 롤랑 바르트와 데리다 등을 들 수 있는데 리쾨르와 페촐트는 이들의 이론을 통합적 치료 영역에 응용하였다.[3] 시대적 흐름 속에서 치료 영역이 수용한 입장은 무엇보다도 전체적인 구조보다는 한 개인의 존엄성과 자유를 인정한다는 점과 사고의 경직화 및 문학과 학문의 과학화를 배격하며 열린 사고와 열린 태도를 지향한다는 점이었다. 그 외에도 이들은 과거를 한낱 운명이나 단순한 향수가 아닌 탐색의 대상으로 보았을 뿐만 아니라 자아와 주체를 중요시하였다. 이러한 시대정신은 절대적인 진리나 중심 또는 근원의 독선과 횡포를 거

3 좀 더 상세한 것은 Johanna Sieper, Ilse Orth, Waldemar Schuch(Hg.)(2007), *Neue Wege integrativer Therapie*, Bielefeld und Locarno, 495쪽을 참조할 것.

부하며 이분법적 혹은 양분법적 사고방식으로부터 탈피하여 '타자', 즉 차이를 인정하고 관용하였다. 글쓰기치료 영역이나 다른 심리치료 영역에서 치료사 중심이 아닌 참여자 혹은 내담자 중심의 치료가 시작된 것은 바로 이러한 이론적 배경에서 비롯된 것이라 볼 수 있다. 따라서 참여자가 쓴 텍스트의 중심에는 평가하고 판단하는 치료사의 해석학이 아닌 참여자 스스로가 그 텍스트를 어떻게 바라보는지, 그리고 어떻게 느끼는지와 같은 참여자 주체의 해석학이 놓이게 된다. 물론 여기서도 텍스트의 내용을 분석하거나 해석하는 작업이 아니라 텍스트를 쓸 때의 복합적 느낌, 떠오르는 이미지, 어떤 특정한 상황 등이 주요 동인이 된다.

프로이트의 정신분석학

문학치료 영역 가운데 이론적으로 정신분석학에 가장 많이 의지하는 분야가 바로 글쓰기치료이다. 정신분석학에서 말하는 무의식적 소망과 욕망들이 글로 표현되어 문학 작품으로 승화된다고 보기 때문이다. 여기에 정신분석학과 문학의 교차점이라 할 수 있는 글쓰기치료의 출발점이 있다.

무엇보다도 정신분석학에서는 유년의 억압이 정서적 단계들을 거쳐 올라오는 글쓰기의 젖줄기라고 본다. 글을 쓰는 사람들은 글쓰기 과정을 통해 자기 스스로의 의식세계를 표면화하는 것이다. 따라서 글쓰기치료에서 문학을 치료에 사용하는 데 대한 본격적인 이론적 배경은 정신분석학적으로 본 문학의 특징에서 시작된다고 해도 과언이 아니다. 프로이트 이론에서는 무의식적이고 본능적인 소망들과 갈등이 환상과 문학 작품을 만들어 낸다고 본다. 이런 관점에서 글쓰기와 치료는 모두 내적인 갈등을 해결하려는 점에서 출발점이 같다는 것이다.

뿐만 아니라 작가나 예술가들의 성장배경이나 전기에서 예술의 근거를 찾았던 이론가들과는 달리 프로이트는 예술의 기원을 신경증이라고 보았다. 1900년대 당시 이미 정신과 의사로서 상당한 지명도를 가졌던 프로이트는 흔히 작가들이 문학 작품에서나 제시하던 인물들을 실제 임상에서 기록하고 관찰하는 등 심리분석과 글쓰기를 통해 치료하였다. 유럽의 세기말인 바로 이 시점에 프로이트의 정신분석학이 탄생된 것은 당시의 시대적인 흐름과도 무관하지 않을 것이다. 그는 분명 불안과 죽음, 종말과 해체로 점철된 시대를 긍정적 삶의 에너지로 대체할 수 있는 새로운 처방책을 필요로 했을 것이다.

당시 임상을 하는 과정에서 그는 신경증과 불안, 두려움과 공포, 꿈과 몽상과 같은 정신세계와 병리에 관한 연구들을 동시에 내놓았는데 그 중에서도 불안장애로 인해 그를 찾아온 한스라는 소년을 아주 상세하게 관찰하여 그 증세를 적고 있다. 여기서 프로이트는 5세 소년의 불안이 심리적 불안과 관련되어 있을 뿐만 아니라 신경증과도 관련되어 있다고 보고 있다. 무의식적인 갈등에 기인한 불안이 방어기제에 의해 특정한 외부 대상에 투사되거나 대체되었을 때 불안이 나타난다고 본 것이다.

프로이트는 불안을 가진 한스Der kleine Hans에 대한 사례[4]에서 이와 같은 이론을 제시하고 있는데 한스의 공포증이 오이디푸스 갈등과 관련된 것으로 보고 있다. 다시 말해 한스는 어머니에 대해 애착을 느끼면서 성기를 노출시키는 등 어머니를 유혹하는 행위를 하는데 이러한 행위로 인해 아버지로부터 남근을 거세당하지 않을까 하는 불안한 마음을 갖게 되었다는 것이다. 그러나 한편으로 아버지를 좋아하는 한스는 아버지와의 관계를 소원하게 만드는 공포감이나 그로 인해 생기는 불안을 부정하고 그러한 감정을 말에게 투사함으로써 말에 대한 공포를 갖게 되었다는 것이다. 이것이 프로이트가 한

4 S. Freud(1995), *Analyse der Phobie eines fünfjährigen Knaben*, Frankfurt a. M. 을 참조.

스의 불안장애를 정신분석학적으로 해명하는 방식이다. 이처럼 한스가 말에게 자신의 공포를 투사하게 된 배경에는 그 말이 아버지의 특징을 상징적으로 가지고 있다는 것이 작용하였다. 가령 한스의 아버지는 검은 뿔테 안경을 썼고 턱수염이 많았는데, 한스가 두려움을 느끼는 말들 또한 검은 색 눈가리개를 하고 수염이 있었다는 것이다.

이처럼 정신분석적 입장에서는 무의식적 갈등이 외부 대상에 투사되어 공포증이 나타나는데 흔히 회피할 수 있는 대상에게서 공포가 대치됨으로써 불안을 해소할 수 있다고 본다. 그렇지만 그러한 불안이 모든 것에 투사되는 것이 아니라 무의식적 갈등 내용과 공포 대상 사이에 반드시 서로 유사하거나 상징적인 관련성이 있어야 한다고 보고 있다.

따라서 정신분석치료에서는 공포증의 기저에 자리하고 있는 무의식적 갈등을 통찰하고 해소함으로써 그것을 치유할 수 있다고 본다. 이러한 맥락에서 불안장애를 분석치료를 통해 치료하고자 하는 사람들의 주장은 설득력을 얻게 된다. 프로이트에게 분석치료를 받은 "어린 한스"가 그 후 성장하여 "뉴욕 메트로폴리탄 오페라 하우스의 예술 단장이자 최고 감독"("어린 한스"라 부르는 환자는 원래 헤르베르트 그라프라는 실제의 인물로 나중에 미국으로 건너가 예술분야에서 매우 활발한 활동을 하게 된다. 프로이트는 그의 불안이 음악적 재능으로 승화된 것으로 분석하고 있다.)이 된 것은 매우 흥미롭다 하겠다. 프로이트는 한스의 예술적 재능에 대해 자신의 글 「의사의 정밀판별Epikrise」에서 이렇게 부언하고 있다.

> 더군다나 아버지[필자 주 : 한스의 아버지]는 한스가 이러한 억압에 시달리면서도 약간은 승화의 과정도 동시에 밟고 있다는 것을 알았다. 불안이 시작되던 때부터 그는 음악에 대한 관심을 더 많이 갖고 있었을 뿐만 아니라 타고난 음악적 재능을 보였다.[5]

5 같은 책, 155쪽 참조.

이와 같이 프로이트의 정의에 따른 각종 불안유형을 보이는 인물들의 불안장애를 비교해 보면 대부분 이유를 알 수 없는 막연한 불안감을 갖고 있는 경우가 많다. 정신분석학적 입장에서 보면 이들이 보이는 불안은 그 원인이 무의식적 갈등에 있기 때문에 스스로 불안의 이유를 자각하기 힘들다는 특징을 가지고 있다. 프로이트의 분석치료가 만병통치약은 아니지만, 이런 경우 참여자의 개별적인 기질이나 불안의 요인에 따라 이를 적용해 보는 것은 당연히 의미가 있다.

다만 치료 전에 필수적으로 사전검사나 설문조사를 하는 심리치료나 상담과는 달리 문학치료의 과정에서는 이런 것들을 그렇게 중요한 요인으로 보지 않는다. 문학치료에서는 오히려 치료의 과정 자체에 더 큰 의미를 둔다. 그것이 다른 치료방법과 다른 점이다. 이처럼 향후 불안장애를 치료하는 데는 약물치료와 정신과학/치료학이 어느 하나의 일방적 선택이 아닌 공동의 노력으로 치유할 수 있다고 본다. 문학치료는 이런 의미에서 치료에 매우 중요한 단서를 제공한다. 왜냐하면 문학은 하나의 허구가 아니라 실제적 행위이자 치료적 체험이며 소원성취 그 자체로 간주되기 때문이다.

이러한 정서가 2차 대전 후 전통적인 형이상학에 대한 회의와 언어에 대한 불신에 차 있던 젊은 세대의 많은 작가들에게 이어져, 전통을 과감하게 벗어나 자신의 고유한 틀을 만들어 나가는 데 절실한 자양분이 되었음은 말할 것도 없다. 특히 2차 대전 후 사고와 언어의 구체적 실체와 논리를 표명했던 비트겐슈타인의 언어철학과 언어의 표출은 세기말의 산물로, 언어가 단순히 의례나 현실의 반영이 아니라 무의식적인 층위의 표현으로 구성되어 있기에 그 내면적 심리를 연구해야 한다는 프로이트 정신분석학의 영향을 입었던 신세대 작가들에게 많은 영향을 주었다.

이와 같이 프로이트는 현대인의 심리에 있어 내면의 무의식이 행동과 정서 등을 지배하고 결정한다고 보았다. 그에 따르면 인간은 자신의 무의식을 통제할 수 없기 때문에 그러한 상황에 직면하면 앞서 한 행동의 유형을 반복적으로 보이게 된다는 것이다. 따라서 프로이트의 정신분석의 핵심은 인간이 가진 유년의 경험이나 무의식, 트라우마나 몸의 기억의 억압이 완전한 화해 상황에 이르지 못한 것을 참여자가 자기 분석을 통해 스스로 긍정적인 상황으로 대체하는 것을 말한다. 여기에 프로이트 스스로도 자신의 임상에 적극 활용하였던 글쓰기의 힘이 작용하게 된다. 다시 말해 본래 상태로 되돌아가기 위해서는 자신의 과거를 정리하는 작업이 우선시되며, 그 과정에서 글을 쓰는 사람은 점차 무의식에 의해 조정되던 자기 자신을 스스로 통제할 수 있는 힘을 갖는다는 것이다. 이런 맥락에서 보면 글쓰기는 본래 그 속성상 자신을 되돌아보고 반성하는 성찰의 기능을 가지고 있음을 알 수 있다. 글쓰기를 통해 자기의 무의식을 드러내고 그것을 객관적인 눈으로 통찰함으로써 내면의 힘을 키우게 되는 것이다.

프로이트는 정신분석을 하는 과정에서 실제로 환자들이 자유 연상을 통해 다양한 기억 작업을 할 수 있도록 이끌었다. 어떤 관점에서 보면 이러한 자유 연상을 하는 과정이 바로 글을 쓰는 과정에서 일어나는 언어적 이미지를 떠올리는 과정이라 할 수 있다. 따라서 쓰여진 글은 '말하는 그림'[6]이라 할 수 있다. 우리는 글을 쓸 때 항상 어떤 상황을 이미지나 그림으로 먼저 떠올리게 되기 때문이다. 이것을 우리는 글쓰기에서의 환기 과정이라 한다. 여기에 대해서는 글쓰기치료의 원리에서 좀 더 상세하게 다루도록 하겠다. 이처럼 글쓰기치료에서는 글을 쓰는 사람의 입장에서 자신도 예상하지 못한 무의식적 욕망들이 가시화됨으로써 감정의 소산은 물론 스스로를 돌아보고 통찰하는 과정을 거치게 되며 결국 치유의 체험이 일어나게 된다.

---

6 Harald Weinrich(2000), *Lethe, Kunst und Kritik des Vergessens*, 3. überarb. Aufl. München : C. H. Beck, S. 21. 여기서 저자는 "그림은 말이 없는 시이고, 시는 말하는 그림이다Malerei ist schweigende Dichtung, Dichtung ist sprechende Malerei"라고 말한 고대 케오스의 시인 시모니데스를 인용하고 있다.

글쓰기치료의 근간을 분석심리학에서 찾고 있는 이론가들의 대부분은 불안장애를 가진 사람들에게 글쓰기라는 문학 형식을 적극 권장한다. 자기 분석Selbstanalyse, 꿈일지Traumtagebuch의 형식을 실제 임상에서 사용한 프로이트, 적극적 상상력Aktive Imagination과 신화 창작Mythen Schreiben의 융, 통합적 문학치료에 명상적 글쓰기Meditatives Schreiben를 도입한 페촐트 교수와 몸치료에서의 글쓰기Schreiben in der Leibtherapie 개념을 이론화한 오르트 교수 등이 글쓰기치료를 특히나 강조한 이론가들이다. 이들이 불안장애 감소나 해소에 글쓰기치료를 강조하는 이유에는 불안장애의 심리적 기제가 매우 내연화되는 특징이 있기 때문이다. 그래서 치료과정에서 과거로의 환기나 내적 정서 등이 자연스럽게 요구되는 글쓰기 형식이 유익하다고 보는 것이다. 그 외에도 베커와 호이어는 불안장애를 완화하고 소산할 수 있도록 심리치료를 진행해 가는 과정에서 사용되는 치료 도구로 '회기별 환자 설문지 조사Stundenbögen'나 '걱정사고기록지Sorgentagebuch'를 적극 추천하고 있다.[7]

이처럼 글쓰기 자체가 가져올 수 있는 심리적 건강은 다양한 관점에서 효력을 발휘할 수 있다. 그것은 분석심리학에서 융이 밝힌 이론적 배경을 살펴보아도 잘 알 수 있다. 학자들마다 글쓰기치료에서 중요하게 여기는 것은 글의 양식, 글쓰기에 따라 각기 다른데, 예컨대 프로이트가 예술을 병리적patho 관점에서 보았다면 융은 예술을 건강학적salutho 관점에서 보았다. 뿐만 아니라 융은 프로이트의 개념을 상당 부분 재조정하고 본질적으로 치료 모형에서 성장 모형으로 변화시켜 나갔다고 볼 수 있다. 또한 융은 예술을 질병으로 보지 않았으며 상징들을 증상으로 보지도 않았다. 다시 말해 융은 모든

7 좀 더 상세한 것은 Luts von Werder(1986), … *triffst Du nur das Zauberwort. Eine in die Schreb-und Poesietherapie,* München-Weinheim, 5쪽을 참조할 것.

사람이 시인이며 다양한 창의적인 요소를 통해 체계와 세계에 대한 독특한 의미를 발전시킬 수 있다고 보았다. 그리하여 프로이트가 스스로 환자들의 임상을 기록한 반면 그는 환자들에게 그들이 겪은 경험들을 스스로 글로 쓰게 하였다.

이런 관점에서 보면 프로이트가 글쓰기치료의 물꼬를 트게 하였다면 융은 글쓰기치료를 한 걸음 더 발전시켰다고 볼 수 있다. 프로이트가 시인이나 예술가들의 창의적 에너지를 본질적으로 그들이 가진 히스테리나 신경증의 파편으로 해석했다면 융은 이들을 인간 본연의 창의적 에너지로 간주하였다. 이처럼 치료사가 참여자의 병리적 현상을 어떠한 관점에서 보느냐에 따라 치료기술이나 처치법도 서로 다르게 진행될 수 있다.

뿐만 아니라 융의 분석심리학이 글쓰기치료에 결정적인 영향을 미친 것은 "환자의 병을 대상으로 치료하기보다는 – 그것을 고치기 위해서도 – 인간 전체를 살펴보아야 한다는 것을 주장하고 있고, 각자가 스스로의 문제를 통찰할 수 있도록 도와주어야 한다"[8]고 보는 관점이다. 이것은 글쓰기치료의 단초를 마련해 주는 매우 중요한 것으로 글을 쓰면서 참여자들이 풀어내는 이야기, 참여자 스스로의 자기 관찰, 개개인이 경험하는 문화적 습속 등이 매우 역동적으로 나타날 수 있다는 것을 강조한 것이다. 또한 융은 글쓰기치료에서 지속적으로 가시화되지 않고 덮여 있어 은유화되어 나타나거나 상징화되어 언어화될 수 있는 참여자들의 무의식을 강조한다. 그는 "환자가 무엇을 해야 하는지를 내가 나서서 결정하는 것을 나는 별로 좋아하지 않았다. 나에게 중요한 것은 환자가 그의 본성대로 어디로 발전해 나갈 것인가를 환자 자신으로부터 아는 일이었다"[9]고 회고하고 있다. 글쓰기치료에서는 이러한 과정 자체가 치료의 과정이다. 예를 들어 융은 참여자들에게 단어 목록

---

8 이부영(2006), 『분석심리학』, 일조각, p. 237.

9 같은 곳, p. 238.

을 읽게 하여 가장 마음에 남는 단어를 묻고 또 그것을 반복하게 하여 그들의 반응을 관찰하게 하였는데, 많은 참여자들이 이러한 물음에 대해 바로 대답을 하지 못하거나 혹은 별 기억이 안 난다는 등의 반응을 보였다고 정리하고 있다.

이와 같이 최근 들어 수많은 종류의 치료적 방법들, 즉 행동치료, 대화치료, 존재치료, 게슈탈트치료, 형상치료 등은 무의식 분석의 반복에서 비롯된 것이며 근본적으로 정신분석학과 분석심리학의 방법론에 속한다 하겠다. 최근의 다양한 치료 이론들을 실용화한 선구자들은 바로 융과 같은 분석학자들이다. 또한 융은 환자들의 그림이나 꿈에서 제시되는 이들의 무의식을 분석하여 치료에 적극 사용하였으며, 환자들이 스스로를 관찰하고 기록한 글이나 그림을 통해서도 이들의 무의식을 분석하고자 하였다. 그는 이것을 통해 환자들이 무의식적 통찰을 얻을 수 있으며 결국에는 이것이 적극적 상상 혹은 적극적 연상을 가능하게 한다고 보았다. 결국 그의 이론에 따르면 적극적 상상은 글을 쓰거나 그림을 그리면서 표출되는 무의식의 과정이라 할 수 있다.

이처럼 융은 적극적 상상 혹은 적극적 연상이라는 개념을 글쓰기치료에서 매우 중요한 것으로 놓고 참여자가 글을 쓰면서 최종적으로는 개성화 Individuation 과정에 도달할 수 있다고 보았다. 그는 "분석심리학에 있어서의 개성화란 이미 설명한 바와 같이 환자의 의식과 무의식을 통틀어 합친 하나의 전체"[10]라고 강조한다. 따라서 여기서 말하는 치료자는 "이미 행동하는 주체가 아니라" "하나의 개인적인 발전 과정을 함께 체험하는 사람"[11]이다.

다시 말해 융이 말하는 적극적 상상은 참여자의 구체적인 이미지나 경험을 토대로 어떤 이미지를 만들어가는 과정이다. 이것이 글쓰기치료 과정에

10 같은 곳, p. 240.

11 C. G. Jung, *Grundsätzliches zur praktischen Psychotherapie*, G. W. Bd. 16, S. 6.

서는 참여자들이 형상화하는 모든 일체의 텍스트가 된다. 물론 융은 글쓰기나 시 쓰기 외에도 만들기, 그림, 음악, 춤, 동작, 놀이 등과 같은 언어적이고 비언어적인 표현예술 매체를 통해 참여자 개개인이 개성화 과정에 도달할 수 있다고 보았다. 이처럼 글쓰기치료는 적극적 상상을 통한 창의적 활동이 참여자의 무의식으로 연결되면서 치유적 힘을 얻을 수 있다는 데서 분석심리학적 이론의 근거를 찾을 수 있다.

프리츠 펄스의 게슈탈트 이론

글쓰기치료의 이론적 배경을 추적하다 보면 정신분석학이나 분석심리학 등의 영향을 크게 받았다고 볼 수 있지만, 실제 글쓰기치료의 장에서는 전반적으로 게슈탈트 이론의 영향을 가장 많이 받았다는 것을 알 수 있다. 그것은 독일 FPI에서 사용하는 문학치료의 실습이나 기술을 보아도 쉽게 알 수 있다. 물론 최근 들어 대부분의 치료 이론들은, 개개 참여자들의 문제나 상황에 따라 다소 차이는 있지만 대체로 '지금 여기'의 체험을 강화하고 몸과 마음을 하나의 통합된 유기체로 보는 데서 출발을 하고 있기 때문에 어떤 이론이 절대적으로 이롭거나 혹은 이롭지 못하다고 말하기 어렵다. 다만 최근의 동향을 살펴보면 기존의 이론들에서 관련된 부분 부분을 서로 융합하고 통합하는 추세가 지배적이라 할 수 있겠다. 뿐만 아니라 게슈탈트 이론에서 주로 사용되었던 퇴행이나 방어기제 기법 등의 치료 방법들은 이제 거의 사용되지 않으며, 각 치료 분야가 필요로 하는 다양한 기술과 이론들이 실제로

사용되고 있음을 알 수 있다.[12]

그 외에도 글쓰기치료는 게슈탈트 심리치료가 인간의 모든 행위를 다양한 환경에도 불구하고 하나의 유기체로서 몸과 마음의 평형 상태를 유지하려 한다는 호메오스타시스[13], 즉 동적 평형 상태 기능이나 심리적 균형성에 많은 영향을 받고 있다. 왜냐하면 결국 지속적으로 글을 쓰는 행위 자체가 일종의 정적 평형 상태인 동시에 그에 대한 소원 충족의 행위라 할 수 있기 때문이다. 글을 쓰는 사람들의 대부분은 자신과의 화해나 자신의 유년 또는 과거와의 화해를 위해 글을 쓴다. 필자는 매일 아침 30분 동안 가벼운 명상을 한 뒤 글쓰기를 시도하는데, 이때 쓰여지는 글들은 일상에서 필자가 수용하기 힘든, 경우에 따라서는 다른 사람들에게는 '말로 표현하기 힘든' 심층의 말들인 경우가 많다. 뿐만 아니라 이러한 글들은 대부분 지나간 일들이지만 현재 뇌리 속에서 정리되지 않고 남아있는 잔상들이라 할 수 있다. 하지만 글을 쓰는 과정에서 필자는 과거의 일을 늘 현재의 시점에서 바라보게 되고 현재의 상황을 나의 언어로 형상화하는 것이다.

따라서 쓰여진 글은 늘 과거를 회상하고 기억하지만 결국 지금 이 순간을 지향하고 있다고 해도 과언이 아니다. 그러면서도 쓰여진 글의 의미는 늘 미래지향적이다. 왜냐하면 우리는 글쓰기 행위를 통해 자신을 설계하고 상황을 변화시켜 나가기 때문이다. 이것이 곧 이 순간 소박하지만 한걸음의 자기 변화를 탄생시킬 글쓰기치료의 위대한 힘이라 할 수 있겠다. 이처럼 게슈탈트 이론으로 글쓰기치료를 보면 우리가 글을 써 가는 과정은 환경의 변화에도 불구하고 심신의 평형 유지는 물론 현실에서 충족되지 못한 욕구를 지속적으로 충족해 나가는 과정이라 할 수 있다. 이 점이 바로 글쓰기치료는 물

12 이러한 치료 경향은 필자가 2009년 7월 15일-7월 19일, FPI에서 Ilona Levin이 주관하는 〈연극 & 드라마치료(Drama- und Theatertherapie)〉 과정을 수행하는 동안 정리한 내용들이다.

13 이에 관한 것은 F. S. Perls(1994), 우재현 외 공역, 『게슈탈트 치료-이론과 실제』, 24쪽을 참조할 것.

론 대부분의 표현예술치료 이론들이 공통적으로 게슈탈트 이론과 교감하는 부분이라 하겠다.

이처럼 분석심리학에서 인간의 창의적인 잠재 에너지에 초점을 두었다면 게슈탈트 이론에서는 참여자들의 현재의 상황이나 감정을 치료의 주요 동인으로 본다. 다시 말해 이들이 의미하는 치유의 출발점은 지속적으로 과거가 아닌 '지금 – 현재', 즉 '지금 – 여기'[14]의 상황이다. 참여자들은 과거로의 퇴행보다는 오히려 자신의 현재를 자각하고 통찰하는 것을 치료의 힘으로 본다. 또한 참여자들은 이러한 치료의 과정을 통해 자신들이 만들어낸 표현들을 형상화한다. 이처럼 게슈탈트 이론이 가진 이론적 특징이 글쓰기치료에 매우 유용하게 수용되면서 글쓰기치료는 하나의 독립적인 치료 이론으로 발전하게 되었다고 볼 수 있다. 글쓰기치료나 문학치료 과정에서 항상 참여자들의 지금 기분을 치료사가 묻고 지금 쓴 텍스트를 스스로 저자가 되어 낭독하는 것은 바로 여기서 비롯된 것이다.

그 외에도 글쓰기치료가 게슈탈트 심리학의 영향을 받게 된 배경을 하나 더 꼽으라면, 참여자들이 스스로 자연스럽게 해소하지 못한 '미해결 과제'를 글쓰기를 통해 자각하고 통찰하여 해결할 수 있다는 점을 들 수 있다. 따라서 글쓰기치료의 과정에서는 참여자들에게 '지금 – 여기'의 관점에서 스스로 많은 것을 드러내고 다시 체험할 수 있는 기회를 최대한 많이 가질 수 있어야 한다. 이때 치료사는 참여자가 자신의 과거를 기억하여 이야기하거나 글로 표현할 수 있도록 유도해야 한다. 왜냐하면 참여자들은 이러한 과정을 통해 자신의 기억을 재생하고 재경험하여 새로운 현시점의 기억들을 만들어낼 수 있기 때문이다. 물론 글쓰기치료 과정에서 참여자들의 감정을 강압적으로 유도하거나 판단하는 것은 금물이다. 여기서 중요한 것은 지나간 과거보다는 '지금'의 현존재를 강조하며 과거의 기억을 불러와 현재의 느낌으로

14 김정규(2005), 『게슈탈트 심리치료』, 학지사, 97쪽을 참조함.

표현하도록 하는 것이다.

그러나 치료의 과정이 항상 치료사와 참여자가 원하는 방향으로 진행되는 것은 아니다. 경우에 따라서는 아주 많은 시간이 걸릴 수도 있고, 혹은 치료사가 예상하지 못한 일이 일어날 수도 있다. 하지만 치료사는 서두르지 말고 차분하게 기다리며 항상 참여자의 관점에서 진행을 해야 하는 것을 잊어서는 안 된다.

게슈탈트 이론으로 볼 때 글쓰기치료의 참여자는 텍스트를 통해 과거의 이야기를 현재의 상황으로 불러와 자신의 문제를 재경험함으로써 이들 사이에 불일치가 존재하고 있다는 것을 알게 된다. 이런 맥락에서 글쓰기치료에서는 치료사가 참여자들에게 텍스트를 쓰고 난 후 "지금 기분이 어떠세요?"라고 묻는 의식을 매우 중요하게 생각한다. 그렇게 함으로써 게슈탈트 이론에서 말하는 '미해결의 감정'이나 '문제'들을 스스로 인지하고 해결할 수 있는 적절한 거리 두기가 가능해지기 때문이다. 이것이 곧 글쓰기치료가 게슈탈트 이론에서 얻은 치료 이론적 배경이라 할 수 있겠다.

FPI의 통합 문학치료 이론

통합 문학치료 이론은 독일의 FPI에서 주로 사용되는 표현예술치료[15]의 한 갈래로 주로 문학의 매체를 활용한 치료과정을 말한다. 우선 치료의 도입단계Initialphase에서는 웜업Warm up으로 가벼운 몸동작을 하거나 몸으로 자신의 느낌을 표현하는 활동을 한다. 여기서 본격적인 치료과정은 보통 드라마치료라고 부르는 역할극에서 이루어지는 것이 일반적이다. 물론 이러한 과정 속에는(실제 문학치료 실습이나 임상은 도입 단계(Initialphase), 행동 단계

15 Hilarion Petzold, Ilse Orth(Hrsg.)(1991), *Die neuen Kreativitätstherapien*, Bd. I, Paderborn, 208쪽 이하를 참조.

(Aktionsphase), 통합 단계(Integrationsphase), 그리고 재통합 단계(Reorientierungsphase) 등 4 단계로 진행된다.[16] 참여자 스스로가 자신의 상처나 문제를 인지하고 통찰하는 과정도 반드시 포함되어 있다. 일반적으로 모든 문학치료의 과정은 개인치료나 집단치료를 원칙으로 한다. 문학치료를 통해 참여자들은 "말이 없는 공간", 다시 말해 텍스트나 가사가 없는 노래를 부른다거나 어떤 이미지나 상황을 팬터마임으로 표현하거나 춤동작을 통해 참여자 스스로가 자신의 감각들을 지각하면서 위안과 힘을 얻을 수 있다. 이것은 60년대 말 페촐트 교수가 실제로 메를로 퐁티Merleau-Ponty와 헬무트 플레스너Helmuth Plessner에게 수용한 언어와 비언어적인 표현의 현상학 이론으로, 이것이 후에 "고요한 느낌Stummer Sinn과 침묵의 공간들Sprachlose Räume"이라는 통합문학치료의 개념으로 확장되었다. 이러한 개념들은 또한 프로이트와 융이 치료과정에서 "은유들을 통해 마음을 읽을 수 있는Bilderreich der Seele", 다시 말해 은유를 통해 재현되는 심리로 강조한 바 있다.[17]

일반적으로 서양에서는 인간의 개념을 기계로서의 인간Körper과 느끼고 체험하는 인간Leib으로 구분하는 담론이 지배적이었다. 그러나 표현예술치료가 심리치료 영역에서 주목을 끌면서 인간에 대한 이해를 정신, 이성에 의존하지 않고 '세계 내의 우리의 몸'에서 찾으려는 시도가 일어난다. 메를로 퐁티를 비롯한 현상학자들은 인간의 몸을 "세계에의 존재"[18]로 보거나 인간의 몸은 세계 속에 있으면서 세계를 향해 나아간다는 점에서 실존적 성격을 부여받게 된다고 설명한다. 이러한 흐름들은 70년대 서양의 심리치료나 표현예술치료의 주요한 이론적 근거로서 작용하였다. 메를로 퐁티를 비롯한 헬무트 플레스너 등 일련의 남성학자들의 몸 담론은 서양에서 역사와 학문

---

16 H. Petzold, Ilse Orth(Hrsg.)(1995), *Poesie und Therapie. Über die Heilkraft der Sprache. Poesietherapie, Bibliotherapie, Literarischen Werkstätten*, Paderborn, 120쪽 이하를 참조.

17 H. Petzold, J. Sieper(Hrsg.)(1993), Integration und Kreation. Modelle und Konzepte der Integrativen Therapie, Agogik und Arbeit mit kreativen Medien, Bd. 1, Paderborn, 105쪽을 참조.

적 담론에서 배제되고 소홀히 취급된 인간의 육체를 소중하게 여기고 그 중요성을 부각시켜, 마침내 실존적 존재로서의 인간 삶의 본질적인 요소로서의 몸을 일상적 삶에 복권시키는 데 일조하였다. FPI의 페촐트 교수는 여기에 상당 부분 이론적으로 기대고 있다.

일반적으로 NAPT가 추구하는 문학치료 과정과 이론은 독일의 FPI와 상당 부분 공통점을 가지고 있다. 이들이 주창한 통합적 문학치료의 개념은 정신분석, 심리치료, 게슈탈트 이론, 행동치료, 몸 이론과 표현예술치료 등을 이론적 배경으로 하였으며, 이들이 말하는 치료 모델은 "마음/정신psycho"과 "삶의 네트망sozio", 그리고 "살아 있는 몸bio"이 두루 편안한 상태Das biopsychosoziale Modell, 즉 총체적 건강 상태를 의미한다. 이 중 어느 한 가지라도 충족하지 못하면 마음/몸/삶이 편치 않은 것이다. 따라서 이러한 상태를 유지해 주는 것이 통합적 문학치료의 기본 취지이다. 그 외에도 문학치료Poesie-und Bibliotherapie는 크게는 쓰기와 읽기치료로 분류할 수 있으며 문학, 연극, 영화, 음악(소리), 그림, 동작, 몸 등과 같은 인간의 창의적인 표현 매체를 기본적인 치료 도구로 활용한다.

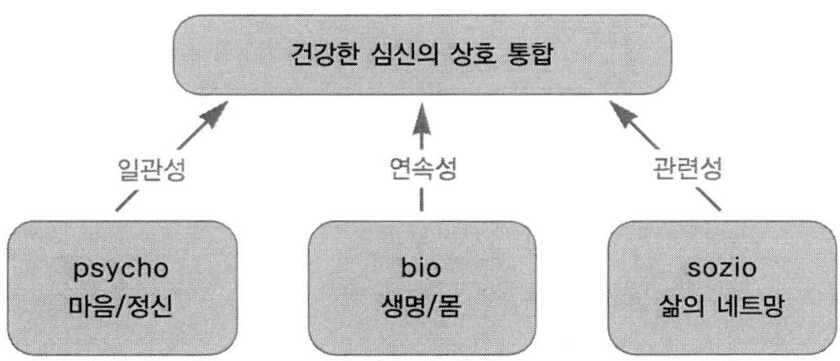

심리건강Salutogenese 모델Petzold, 2001

18 위의 개념은 메를로 퐁티(2002), 류의근 역, 『지각의 현상학』과 조광제(2007), 『몸의 세계, 세계의 몸』을 참조함.

최근 들어 영화치료Cine-Therapie, 인문치료Humantherapie, 연극치료Dramatherapie, 동작치료Bewegungstherapie, 몸치료Körpertherapie 등 다양한 치료 영역들이 다양한 양상으로 발전을 거듭하고 있는 가운데, 문학치료 또한 텍스트 읽기와 쓰기 및 연행 등을 그 주된 치료적 매체로 사용하면서 그림이나 음악, 동작 등과 같은 표현 매체뿐만 아니라 가벼운 요가와 명상에 이르는 치료적 도구들을 적극 활용하여 문학치료만의 고유한 정체성을 점차 확보해 가고 있다. 문학치료는 궁극적으로 스스로의 통찰과 행동의 변화 과정을 통해 가능한 것이기에 참여자들의 인지적 측면이나 심층심리학적인 측면이 강조되는 것이 기본이다. 따라서 참여자 스스로가 읽기나 글쓰기와 같은 창의적 활동을 통해 자신의 문제를 의식화하고 수용해 가는 과정이 매우 중요하다. 그 외에도 문학치료 과정에서는 치료사의 역할을 매우 강조하는데, 치료사 스스로가 정신분석이론이나 상담심리와 같은 이론들을 통해 참여자들의 내면을 이해하고 그들의 인지 과정에 동행할 수 있어야 하기 때문이다. 이런 관점에서 글쓰기치료는 독일 FPI 연구소의 다양한 이론들, 즉 정신분석이론, 게슈탈트 이론, 몸 현상학, 심층심리학, 그리고 상호문화이론 등과 같은 이론들과 더불어 지속적으로 새롭게 발전되어 있다고 본다.

이와 같이 글쓰기치료는 정신분석학, 분석심리학, 게슈탈트 심리학, 통합적 예술치료 이론 등 많은 전통적 심리치료 이론과 사상의 영향을 받아 탄생되었으며 아직도 여전히 다양한 이론들을 통합적으로 수용하고 있으며, 다양한 치료의 장에서 일종의 문화치료의 특성으로 끊임없이 그 이론과 실습 영역의 깊이를 더해 가고 있다. 최근 들어 글쓰기치료가 가진 강점들을 더욱 더 설득력 있게 뒷받침해 준 이론이 곧 신경과학 및 뇌과학이라 할 수 있다. 다음은 글쓰기치료와 관련된 뇌신경과학 이론을 살펴보도록 하자.

요아힘 바우어의 뇌신경과학과 글쓰기치료

최근 우리 주변을 둘러보면 세계 전반을 강타한 경제 위기로 인해 장래에 대한 불안심리가 증가하면서 그에 따른 정신병리 또한 날로 그 심각성을 더해 가고 있다. 가령 한국의 청소년 가운데 9~13%가 치료가 필요할 정도로 심각한 우울장애를 보이고 있으며 독일의 경우 학생의 15% 이상은 이미 정신장애를 앓고 있다고 보고하고 있다. 따라서 심리치료 영역이나 뇌과학 영역에서는 이를 과학적으로 해결해야 한다는 의견도 분분하다. 이들은 우울증과 같은 기분장애가 인간의 감정을 처리하는 신경전달물질의 불균형으로 인한 것으로 보고 있기 때문이다. 이처럼 사람의 감정은 뇌의 가장자리계(변연계)에서 생겨 이마엽(전두엽)의 조정을 통해 표출된다. 또한 이러한 메커니즘 중 신경세포의 활성도 자체가 변한 상태에서는 우울이 아니라 조울증이 나타난다고 말하고 있다. 물론 이런 경우 정신의학에서는 반드시 약물 복용을 강조하는 추세이다.

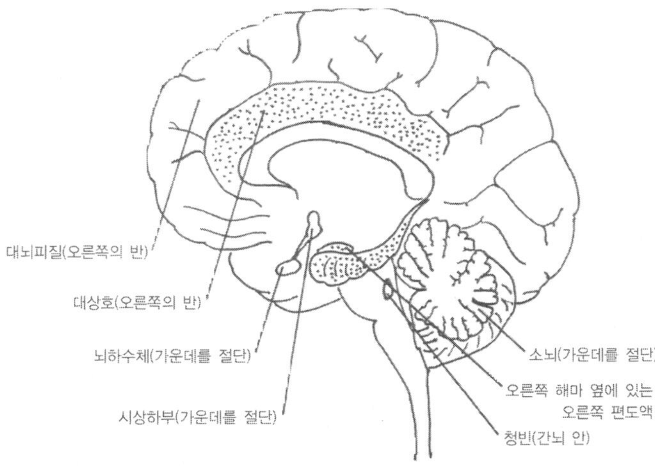

뇌, 그리고 뇌의 판단 조직과 비상 중추

그러나 요아힘 바우어와 같은 심신의학 전문가들은 약물을 통한 치료법보다는 정신병리를 유발하는 환경과 관계, 삶의 유형 등과 같은 기존에 주어진 네트망에서 그 해결책을 찾고 있다. 다시 말해 그는 인간관계의 경험과 삶의 방식이 인체의 생물학적인 구조와 유전자적 구조에 반드시 '내면의 그림', 즉 '지문'을 남긴다고 강조하고, 외상성 경험이나 외상후스트레스장애 PTSD(Post Trauma Stress Disorder), 직간접적으로 겪은 폭력은 수년 뒤 신체장애나 정신장애 혹은 심신장애로 나타날 수 있다고 말한다.[19] 또한 그는 이러한 장애를 완화하고 해소하는 데 심층심리학적인 심리치료 뿐만 아니라 인지행동치료가 과학적으로 효과가 있다는 것을 밝히고 있다. 또한 그는 유전적·생물학적 몸의 구조에 철저하게 기반을 둔 의사 및 신경생리학자로서 인간관계의 경험과 삶의 방식이 인체의 생물학적 구조와 유전자적 구조에 어떻게 각인되어 있는지를 설명한다.

그의 지각생리학 모델은 우리 몸에서 일어나는 다양하고 복잡한 삶의 경험과 체험들을 몸과 마음, 물리적 요소와 심리적 요소의 매개를 통해 해명한다. 아울러 그는 메를로 퐁티와 더불어 마음과 분리될 수 없는 존재로서의 몸에 대한 지각론적 입장을 넘어서는 인간 보편성을 전제 내지 지향한다. 따라서 인지행동치료를 하기 위해서는 글쓰기치료와 같은 정적인 기법이 매우 효과적이라고 말한다. 이처럼 뇌과학이나 정신의학에서는 인간의 다양한 정신 병리를 약물 하나만으로는 치료할 수 없다는 데 동의하고, 마치 우리가 고혈압이나 당뇨 같은 성인병에 식사요법과 적당한 운동을 병행하듯이 자신을 들여다보고 통찰하는 글쓰기치료나 문학치료 등을 권장하고 있다. 뇌가 병든 것 또한 인지적 관점에서 변화를 추구할 수 있다고 보는 것이다. 뇌신경과학적 관점에서 보았을 때 글쓰기치료의 장점은 글을 쓰는 과정에서 현실감이나 자존감을 되찾게 해 준다는 점과 글을 통해 심리적·생체적 리듬을

19 Joachim Bauer(2002), *Das Gedächtnis des Körpers* 참조.

유지할 수 있게 해 준다는 점이다. 뿐만 아니라 글을 쓰는 그 자체가 이미 내면의 상처나 스트레스를 해소하는 과정이라 보았다.

따라서 이런 경우는 일정한 간격이나 시간을 두고 글쓰기치료에 임하는 것이 좋다. 물론 아직도 뇌과학적으로 글쓰기치료가 얼마나 치료 효과가 있는지는 명확히 밝혀진 바가 많지 않지만 이 부분은 정신의학자, 뇌과학자, 정신 심신치료자, 그리고 문학치료사들이 향후 함께 풀어가야 할 과제이다. 이것은 마치 레오나르도 다빈치가 〈비트루비우스적 인간〉이라는 인간 신체도를 그려 놓고 당시 인간의 뉴런 구조를 잘 모른 채 인간의 영혼이 온몸에 펴져 있는 것이 아니라 뇌 한가운데 있다는 추측하였던 것과 흡사하다. 여기서 말하는 다빈치의 인체 비례도는 단순한 예술의 차원을 넘어 과학까지도 포괄하는 넓은 의미의 예술을 의미하는 것이다. 인간의 신체 지도가 인체라는 소우주와 지구라는 대우주 사이의 아날로지Analogie, 즉 유사성을 포착할 수 있었듯이, 향후 많은 연구들이 뇌과학과 글쓰기치료 사이의 상호 관련성에 관해 지속적인 연구를 해 나가야 할 것으로 본다.

chapter I 04

글쓰기치료의 종류

최근 들어 우리나라에 도입된 치료 유형들을 살펴보면 크게 두 가지로 분류할 수 있다. 독일을 중심으로 수용된 통합적 문학치료나 통합 예술치료, 전후 나치를 피해 미국으로 망명한 독일계 심리치료사들이 미국 중심으로 전수한 시치료Poetry Therapy가 그것이다. 물론 이들은 프로이트나 융, 프리츠 펄스, 그리고 페촐트와 같은 독일 심리치료학에 근거하고 있다는 측면에서 그 출발점이 매우 유사하다. 뿐만 아니라 이들 치료 유형들은 모두 글쓰기Poetry라는 활동에서 시작되고 있는 것이 그 공통점이라 할 수 있다. 따라서 미국에서의 문학치료 개념은 애초부터 시치료라 불렸으며, 70년대 초반 그 절정기를 맞은 독일에서의 글쓰기치료는 일반적으로 문예창작 교실이나 글쓰기 공방에서 시작되었다.

그 외에도 글쓰기치료는 글의 성격에 따라 분류되는 시적 글쓰기Poetry Therapy와 일상적 글쓰기Journal Therapy로 나누어지는데, 전자는 문학적 글쓰기를 말하고 후자는 비문학적(일상적) 글쓰기를 말한다. 전자에 시나 산문 형식의 텍스트가 속한다면 후자에는 일기나 편지, 기록물이나 자가분석 메모 등이 속한다. 문학치료에는 장르별로 형식 중심, 체험 중심, 갈등 중심[20]으로 나눌 수 있는데 이것을 풀어 쓰면 시치료, 산문치료(독서치료, 이야기치료), 드라마치료로 나뉜다. 그중에서도 형식 중심의 시치료가 문학치료의 핵심이 된다. 이것은 NAPT의 규정에서도 잘 드러나 있다.

그 외에도 일반적으로 글쓰기치료의 범주에 속하는 글쓰기 유형으로 시적 글쓰기와 일상적 글쓰기, 일기나 메모, 편지나 유서 형식, 고백, 이메일 등을 들 수 있으며 자유로운 창의적 글쓰기에는 동화 이어쓰기, 시 쓰기, 드라마 쓰기, 공동시나 전자소설 쓰기 등이 있다. 또 글은 마음을 표현하는 단순한 내용물에 그치는 것이 아니라 글을 쓰는 사람의 심층적 구조를 보여주는 터널이자 세계라 할 수 있는데 그러한 심층을 표현하는 시적 글쓰기 방식에는 마인드 맵(브레인스토밍), 하이쿠Haiku(5, 7, 5), 체베나Zevenar 쓰기, 시조 쓰기, 넌센스 시 등이 있다. 또 마짜Nicholas Mazza에 따른 글쓰기치료의 실제 모델과 양식에는 첫째, 수용적 양식receptive component, 둘째, 표현적/창조적 양식creative component[21]이 있다. 이 밖에도 글쓰기치료를 실제 치료에서 사용하는 치료사나 이론가들에 따라 여러 유형으로 나누어지는데, 예를 들면 일제 오르트는 명상적 글쓰기를 사용하며, 자유 연상 수련을 통해 심연의 언어들을 끌어올리는 연상 기법적 글쓰기 유형도 흔히 사용되는 패턴이다.

20 좀 더 상세한 내용은 변학수(2006), 『통합적 문학치료』, 학지사, 70–74쪽을 참조할 것.

21 Nicolas Mazza(2005), 김현희 외 공역, 『시치료』, 학지사.

chapter II

글쓰기치료의 원리

글쓰기치료의 방어기제 및 저항

글쓰기치료의 본질

글쓰기치료의 기술

글쓰기치료의 대상

글쓰기치료에서 치료사의 역할

글쓰기치료와 글쓰기 정서

chapter II 01

글쓰기치료의 방어기제 및 저항

개개인의 차이가 다소 있기는 하지만 누구든 의견을 '글로 쓴다'거나 '말로 표현'하라고 하면 힘들어 한다. 특히 그 중에서도 글쓰기치료나 문학치료를 하려고 하면 더욱 힘들어 한다. 행여 대단한 기술이나 문예창작교실쯤 되는 줄 알고 지레 겁을 먹는 사람들도 많다. 하지만 글쓰기치료에서나 문학치료는 반드시 대단한 기술을 필요로 하지는 않는다. 다만 언어와 글을 잘 다룰 줄 알고 참여자들의 마음을 맑은 거울을 바라보듯 읽을 수 있는 숙련된 치료사는 반드시 필요하다. 창의적인 예술 영역의 원리나 문학의 원리를 아는 것은 치료사의 기본 요건이다.

물론 글쓰기치료나 문학치료에서는 참여자들이 만들어 내는 텍스트가 치료의 핵심이지만, 그렇다고 이들이 쓴 텍스트나 문학을 해석하고 의미를 찾아내라는 뜻은 아니다. 글쓰기치료에서 수행되는 치료의 과정과 원리는 문학의 원리를 하나의 도구로 하되 해석이나 해명의 중심이 참여자의 관점에서 출발된다는 것이다. 참여자가 그 텍스트를 쓰는 과정에서 느끼고 얻는 감정과 소감, 텍스트를 그룹 내에서 읽을 때(자기 텍스트의 주인공이자 작가로서)의 느낌과 그것을 다른 참여자들이 듣고 피드백을 할 때의 느낌 등이 치료의 주요 요인들이다.

대개 글쓰기치료의 임상에 참여하는 사람들을 보면 대부분 방어와 저항을 하는 것을 볼 수 있다. 이것을 우리는 글쓰기치료에서 종종 찾아볼 수 있는 심리적 저항이나 방어기제라고 한다. 심리적 장애가 있거나 마음에 심한 상처를 입은 사람들일수록 이러한 방어기제는 훨씬 더 심하게 나타난다. 예를 들어 글쓰기치료에서 흔히 접할 수 있는 방어기제가 "저는 글을 읽기 싫어요", "왜 제가 글을 써야 하나요?", "저는 글을 못 써요" 등이라면 우울(증) 치료에서 쉽게 찾아볼 수 있는 방어기제는 말이 없거나 별다른 반응을 보이지 않는다는 것이다. 대상에 대한 부정적 인식이나 비관적인 자세를 취하기도 한다. 기분장애가 있는 사람들은 단순히 연필을 쥐는 것조차도 힘들어하기도 한다. 글쓰기치료에서는 이러한 심리적, 신체적 방어기제를 글쓰기를 매개로 완화하고, 종국에는 부정적인 생각들을 긍정적인 생각으로 대체하는 것이 기본 원리라 할 수 있다. 또한 글쓰기치료의 기본 원리는 우선 일차적으로 글을 쓰는 참여자 스스로 자기정서를 이해하도록 하는 데서 시작된다.

이러한 원리를 치료과정에서 가동시키는 것이 이론적으로는 매우 수월해 보이지만, 실제로 참여자가 미해결 상태의 내적 상처를 가지고 있다거나 그것을 말로 표현할 수 없는 상황에 있을 경우에는 그리 쉽지만은 않다. 심지어 이러한 저항이 너무 심해 글쓰기 자체를 시작하지 못하는 경우도 있다. 하지만 저항이나 방어기제가 심하다고 해서 치료를 포기하는 것은 금물이다. 자기부정(경우에 따라서는 사회에 대한 부정)이라 할 수 있는 초기 단계의 저항이 심하면 심할수록 상처 받은 내면의 모습을 더욱 드러내고자 하는 소망은 커지기 때문이다.

따라서 치료사는 참여자가 마음의 문을 열고 글을 써 내려갈 수 있을 때까지 여유를 가지고 기다리는 것이 중요하다. 왜냐하면 글쓰기치료에서 무엇보다 중요한 것은 글을 통해 자신을 마음껏 표현할 수 있는 시간적, 심리적 여유를 갖는 것이기 때문이다. 이것이 조성되지 못하면 글을 쓰기 시작할 수도 없을 뿐더러 마음의 문도 열리지 않는다. 이 마음의 문이라는 것은 참여자의 이전 기억으로 돌아간다는 차원이기 때문에 마음의 준비를 하지 않으면 당연히 이것도 열리지 않는다.

이처럼 글쓰기치료에서 스스로 정서적 이해를 체험하는 과정은 참여자의 심리적 과정을 이해하는 데 중요한 단서가 된다. 우선 음악을 듣고 명상을 하면서 자연스럽게 자신의 내면으로 침잠하게 하는 방법도 효율적이다. 잠시 눈을 뜨고 왼손으로 지금의 심정을 간단한 선이나 단어로 그려보게 하는 것도 좋다. 여기서는 선의 모양이나 단어의 의미가 아니라 실제로 참여자들이 얼마나 자기 감정에 충실하고 진솔해지느냐가 더욱 중요하다. 더불어 선이나 표현을 보며 서로 피드백하는 시간도 갖는다. 여기서도 중요한 것은 글쓰기치료의 기본 원리가 결국 참여자 자신에서 시작된다는 점이다. 물론 문학 작품에서 작가 심리적 관점에서 보면 작가가 피력한 인물들은 예외 없이 중심으로부터 주변화되어 있거나 소외되어 있는 경우가 대부분이다. 이것은 글쓰기치료의 참여자가 가지는 심리와도 동일한 것이어서 이들은 작가와 마찬가지로 자기 자신을 긍정적으로 보지 않는다.

그 밖에도 글쓰기치료의 원리는 문학이 가진 기본 원리와도 유사해서 문학이 가지는 특성이나 그 원리를 아는 것이 중요하다. 예컨대 위에서 언급한 자기 부정적 방어기제 외에도 참여자가 만성적으로 가지고 있는 오인의 구조를 들 수 있다. 문학에서 존재하지도 않는 공룡을 만나거나 하수구에서 악어를 만나는 일이 가능하듯이 대부분의 참여자들은 현실을 있는 그대로 보는 것이 아니라 현실이 가진 환상을 보는 경우가 많다. 따라서 글쓰기치료의 원리가 제대로 작동이 되려면 이러한 오인의 구조를 다양한 글쓰기 매체를 통해 되새겨 보는 작업이 필수적이다. 이처럼 문학심리학적으로 보면 모든 것이 다 왜곡되어 보이는 것으로 해석할 수 있다.

따라서 글쓰기치료를 다루는 치료사는 문학이 가진 기본 원리를 아는 것이 중요하다. 문학은 글을 쓰는 사람의 꿈의 모방이라 할 수 있다. 심지어 문학은 현실에서 거절당한 것을 충족시키기 위해 현실을 있는 그대로 그리는 것이 아니라 왜곡되고 그로테스크하게 표현한다. 이것은 글쓰기치료의 원리 중 참여자가 직접적으로 느낌을 그대로 표현하는 것이 아니라 이미지로 표현하는 것과 같다. 이처럼 글쓰기치료의 주요 대상은 결국 글 자체보다는 글을 쓴 참여자 자신이다. 따라서 참여자에게는 주어진 텍스트의 객관적이고 참된 의미보다는 자신이 느끼는 주관적인 의미를 찾아내는 것이 중요하다. 참여자는 비로소 자신의 글을 읽고 스스로 경청함으로써 감정이입의 단계로 진입할 수 있다.

일반적으로 단순히 글을 쓴다는 자체에도 거부 반응을 일으키는 참여자들을 쉽게 찾아볼 수 있다. 특히 한국 사회에서는 성인이라 해도 글쓰기가 적극적으로 수행되지 않는다. 하지만 자신이 쓴 글을 읽고 또 그것을 다른 사람들에게 전달함으로써 자기 자신을 다르게 볼 수 있는 힘을 얻을 수 있다. 따라서 우리 사회에서는 앞으로 글쓰기치료를 적극 활용하고 그와 관련된 기술을 발전시키는 일이 필요하다. 물론 이를 위해서는 글쓰기에 대한 저항과 방어를 자유자재로 다룰 수 있는 유능한 글쓰기치료사들이 많이 배출되는 것이 급선무라 하겠다.

그 외에도 글쓰기치료에 대한 저항이나 방어기제를 완화하는 데는 참여자들의 개개 성향이나 증상에 따라 적절한 음악을 사용하여 가벼운 몸동작이나 즉흥적 동작을 재현하는 것도 도움이 된다. 이러한 기술은 흔히 연극치료나 드라마치료에서 사용되는 방법으로, 처음에는 참여자들이 무대에 그냥 서 있는 연습으로 시작한다. 여기서 중요한 것은 공간을 몸과 마음으로 깊이 인지하는 것과 그 공간을 나의 공간으로 확보하는 것이다. 참여자들이 지금 현재 어디에서, 어떻게 서 있느냐를 감지하는 일은 현재의 감정을 스스로 체험하는 순간이 된다. 왜냐하면 치료의 기본 원리는 결국 몸과 마음의 통합을 거쳐 시작되는 과정이기 때문이다. 이것이 글쓰기치료에서도 그대로 적용되는 것이 일반적이다.

따라서 독일의 FPI와 같은 연구소에서는 글쓰기치료 시작 단계에 대부분 편안한 몸 풀기나 가벼운 몸동작의 웜업을 하고 그 다음 본격적인 글쓰기 과정으로 들어가는 것을 쉽게 찾아볼 수 있다. 물론 경험의 양이 적고 몸으로 재현할 수 있는 것이 많지 않은 아동이나 청소년들의 경우에는 놀이나 게임으로 시작하는 것이 글쓰기치료의 저항이나 방어기제를 줄이는 데 효과적이다. 글쓰기치료의 저항이 매우 심하여 본격적인 글쓰기 작업을 할 수 없을 경우에는 이미 기존에 알려진 텍스트를 먼저 읽어 주고 그에 대한 느낌을 말로 표현하게 하는 활동을 선행한 다음에 차츰 글로 옮기는 방법도 좋다. 하지만 저항이 너무 심하여 전혀 효과가 없을 때에는 읽기치료나 연극치료 등 참여자의 능력 여하에 맞게 다른 치료 방법으로 바꾸는 것이 우선적이다.

예를 들어 글쓰기치료를 시작하기 전 치료사가 판단하기에 참여자가 글쓰기 행위 자체에 대한 저항이 너무 심하여 치료를 시작할 수 없을 경우, 흔히 연극치료나 드라마치료에서 사용되는 몸동작이나 특정한 재현 주제를 주고 동작의 표현을 시도하는 임프로Improvisation[22]를 시도하는 것도 효과가 있다. 물론 우울증이나 불안장애가 심한 경우의 참여자들은 움직이는 일조차 귀찮아 하거나 힘들어 하는 경우가 많다. 이런 경우에는 그냥 그들이 차분한 음악에 맞춰 평소대로 걷게 해 보는 것도 좋다. 참여자들이 이런 몸동작들이 글쓰기치료의 저항을 완화하고 몸과 마음의 긴장을 푸는 데 매우 도움이 되

22 임프로는 일반적으로 치료의 시작 단계에서 참가자들이 보이는 심리적 저항이나 방어기제를 완화하거나 참여자 간의 친밀감을 돈독하기 위한 몸동작 기술이자 재현 방식이다. 이것은 연극드라마치료의 기술에 속하나 글쓰기치료나 문학치료의 웜업 기술로도 종종 사용된다.

었다고 말하는 것을 자주 찾아볼 수 있다. 아니면 참여자들이 간단한 놀이나 게임을 하면서 마음의 저항을 줄여 가는 방법도 있다. 이런 경우에는 간단한 끈이나 막대를 들고 밀고 당기기 게임을 하거나, 두 손을 서로 잡고 서로의 에너지를 확인하며 동기를 활성화하는 방법도 있다.

물론 이것이 모든 참여자들에게 적용되는 것은 아니다. 치료사는 참여자들이 가진 심리적인 장애물이 무엇인지, 그리고 참여자들이 저항을 해소하기 위해 어떤 매체를 활용하기를 선호하는지 먼저 물어보는 것이 가장 좋다. 이러한 과정을 거치면서 참여자와 치료사 사이에 신뢰가 형성될 뿐만 아니라, 참여자가 보호 받고 있다는 느낌을 동시에 가질 수 있기 때문이다. 따라서 이것은 글쓰기치료의 방어기제를 완화하고 해소하는 데 매우 필수적인 기술이자 방법이라 하겠다.

2009년도 연극치료 워크숍 임프로 장면

chapter II 02

글쓰기치료의 본질

필자는 최근 몇 년 동안 문학치료라는 새로운 학문을 접하면서 과연 이러한 학문이 우리에게 가져다주는 치유적 효과는 무엇일까 하는 물음을 끊임없이 제기해 왔다. 그 중에서도 글쓰기치료가 가지는 치유적 본질을 찾는 것은 마치 사막에서 오아시스를 찾아가는 것처럼 일생일대의 과업과도 같은 것이었다. 문학이 참여자들의 마음을 치료할 수 있다는 믿음은 본질적으로 그것이 인간의 상처나 아픔을 서술한다는 데서 출발한다. 역대 문학 작품에서 상처 받거나 고통을 느끼지 않는 주인공은 없다고 보아도 무방하다. 예를 들어 괴테의 『젊은 베르테르의 슬픔』에서 주인공인 베르테르는 죽음을 사랑으로 바꾼다. 김원일의 『깨끗한 몸』의 주인공은 굶주린 배를 움켜쥐고 주인집의 밥을 훔쳐 먹는다. 이문열의 『타오르는 추억』의 주인공은 잘못 본 기억으로 호된 매를 맞는다. 어린 나이에 매란 하늘을 노랗게 만드는 계기가 되기에 충분하다. 어디 그뿐이랴. 시인들은 너나 할 것 없이 사랑을 잃은 슬픔을 노래한다.

이처럼 문학은 인간의 의식을 다루는 가장 전통적인 예술 영역이다. 현대인의 의식이 고통과 피로감에 빠져 있다면 문학은 당연히 그러한 것들로부터 벗어날 수 있는 처방을 줄 수 있어야 한다. 왜냐하면 문학의 존재 이유가 결국 인간의 행복 추구에 있기 때문이다. 더구나 글쓰기치료를 할 때는 개개인의 모습 그 자체에 시선을 집중하게 된다. 그러나 글쓰기치료는 본질적으로 그러한 상처나 고통을 치유적으로 다스릴 때 더욱 긍정적인 활력을 가져다준다.

문학 작품이나 글쓰기치료가 특정한 증상에 효험이 있게 하는 데는 특정한 기술이나 원리가 필요하다. 이를 위해서는 일정한 증상을 가진 참여자들의 심리를 파악하고 이해하여 적절한 대처를 하는 능력을 가져야 한다. 이것이 문학을 다루는 치료사의 영역이라 하겠다. 이는 그저 문학을 즐기고 감상하는 데서 그치지 않고 이것을 어떻게 처방하고 다룰 수 있을지 파악하는 차원이라 할 수 있다.

쓰여진 글이 모두 예방적 차원이나 치료적 차원에 들어가는 것은 아니다. 집단치료에서 다른 참여자들이 자신의 상처를 드러내고 눈물을 흘리는 의식은 다른 참여자들에게 "나는 저보다는 낫구나"라는 생각을 불러일으키면서 스스로 위로를 받을 수 있다는 장점이 있다. 여기에는 타자로부터 받는 지지나 위로보다 더 강력한 힘이 들어 있다. 페니베이커(2007)는 심리적 외상에 대한 글쓰기에 대한 실험을 수행하였는데, 실험 결과 참가자의 70% 이상이 쓰기를 통해 정신적 외상을 남긴 사건과 자신에 대해 더 잘 이해하게 되었다고 보고하였다. 그 중 특기할 만한 것은 쓰기의 일반적 가치에 대해 물었던 개방형 질문에 대한 이들의 대답에서 사용된 표현으로 '깨닫다', '이해하다', '해결한다', '해결하는 중이다'와 같은 단어들이 절반가량이었다는 것이다.

우리는 이제 처리되지 못하고 억압된 감정이 다양한 신체적 · 정신적 문제를 일으킨다는 것을 이해하였으며, 이를 치유하기 위해서는 억압된 감정을 소산하고 그에 대하여 이해하는 과정이 필요하다는 것을 알았다. 이러한 결과[23]는 억제된 감정에 대한 글쓰기가 글 쓰는 사람으로 하여금 자신의 감정을 표출하고, 표출된 자신의 감정에 직면하여 자신에 대해 더 나은 이해를 하도록 했다는 것을 의미한다.

또 글쓰기치료를 통해 참여자들이 가진 내면의 상처를 소산하고 자신들이 쓴 글과 거리를 두는 것이 가능해진다. 이러한 미적 거리감은 당사자에게 매우 중요한 것으로, 이는 결국 참여자들에게 글쓰기가 주는 기존에 존재하지 않은 혹은 존재하지 못한 것에 대한 재경험이나 재사회화의 공간이 안전하게 주어진다는 것을 의미한다. 글은 내적인 언어로 쓰여지며, 그러기 위해서는 우선 참여자 스스로가 자신의 내적인 공간으로 깊이 들어가야 한다. 따라서 이러한 분위기를 잘 마련해 주면 글쓰기 정서가 만들어져 저절로 글이 나오게 된다.

또 글쓰기치료는 본질적으로 감정적 차원에서보다는 정서적 차원에서 가능하다. 이때의 정서는 일시적인 현상이 아니라 지속적으로 유지되어 온 집단적 관습이나 문화를 내포하기 때문이다. 따라서 이것이 개인이나 참여자에게 적용될 때는 이들의 개인적 특성들을 우선적으로 짚어보는 것이 필요하다.

그 외에도 치료적인 관점에서 보면 글쓰기치료는 본질적으로 과학이라 할 수 있다. 언어는 내면의 그림이자 형상이기 때문에 꾸밈이 없다. 다만 글은 태생적으로 시간적·공간적 한계를 가지고 태어난다는 것이 치료에서는 힘든 부분이다. 글을 쓴 후 시간이 지나면 내가 쓴 글과의 거리가 생기고 이미 시간이 지난 낡은 주제가 되는 경우가 허다하기 때문이다. 따라서 치료사는 그때그때 적절한 개입과 지지로써 참여자에게 치료적인 변화를 가져오는 데 도움이 되어야 한다.

23 이에 관한 좀 더 상세한 내용은 페니베이커(2007), 이봉희 역, 『글쓰기치료』, 학지사를 참조할 것.

chapter II

03

글쓰기치료의 기술

글쓰기치료에서 기술적으로 가장 중요한 것을 꼽으라면 무엇보다 참여자 내면의 목소리를 들어 주고, 마음의 여유를 가지고 기다려 주는 것을 들 수 있다. 참여자의 의견을 최대한 존중하되 치료의 기술을 일반화하여 적용하는 것은 절대 금물이다. 그 다음으로 중요한 것은 참여자가 어떤 고통을 가지고 글쓰기치료를 수행하려 하는가를 정확하게 파악하는 것이다.

일반적으로 참여자들은 트라우마가 있더라도 자기 자신이나 가까운 가족, 주변 사람들을 지키기 위해 그에 대해 침묵하는 것을 종종 볼 수 있다. 예를 들어 사춘기 이전에 학대와 폭력을 경험한 아이들은 본능적으로 고통을 견뎌내는 일이 많다. 하지만 일정 기간의 성장 과정을 거쳐 어른이 되면, 그러한 오랜 억압 때문에 의식적으로든 무의식적으로든 심각한 증상이 나타나는 것이 일반적이다. 체화된 트라우마는 시간이 지나 몸의 심연으로부터 어느 순간 자신도 모르게 불쑥 튀어나오게 되어 있기 때문이다. 이러한 증상이 사회적 무능, 약물 중독, 자해, 폭력이나 극단적 행동으로 나타나는 경우도 허다하다. 따라서 내면의 상처를 외부화하는 작업인 글쓰기치료는 본질적으로 과거의 상처들을 몸으로부터 언어화하여 명명하는 기술이 전제되어야 한다.

그러한 상처와 트라우마에 대응하는 나 자신을 다시 한번 정의하는 작업도 치료의 기본 기술이라 할 수 있다. 대부분의 경우 참여자들은 상처의 원인을 타인이나 외부로 돌리는 경우가 많다. 그러나 글쓰기치료의 기술은 치료성과 예술성, 다시 말해 언어의 치유력과 언어의 창조성 이 두 가지 모두를 수렴하는 치료 방식을 포괄하기 때문에, 글을 쓰면서 자신의 감정을 이미지로 표현하게 되며 그러한 이미지에서 드러나는 문학적 의미들은 예상치 못한 결과들을 가져다 줄 수 있다. 물론 나중에 글을 다시 읽어 보니 상처가 더욱 깊어질 수도 있다. 그러나 그러한 과정도 치료의 일부이다. 그만큼 글쓰기치료에서 참여자가 쓴 글은 문학에서의 이야기나 해석이 아니라 문제 그 자체이다. 참여자들 자신의 문학적 표상을 통해 들여다 본 대상으로서의 심리인 것이다. 이 때문에 글쓰기치료의 치료적 기술은 곧 참여자가 쓴 텍스트 내에 제한될 수밖에 없다.

그러나 참여자가 그러한 내면의 문제를 표현하는 데는 많은 시간과 마음의 준비가 필요하다는 것을 치료사들은 잊어서는 안된다. 문제의 경중에 따라서는 서술될 수 없는 것도 종종 있다. 이때 치료사는 참여자가 말할 수 없는 것에 대한 심정을 표현하게 하되 말할 수 없는 것 그 자체에 대해 쓰거나 말하도록 유도해서는 안된다. 그것을 표현하고 안하고는 참여자의 마음에 달려 있기 때문이다.

이런 점이 독서치료와 글쓰기치료의 차이점이라 할 수 있다. 치료사는 서술된 텍스트만 가지고 참여자와 글쓰기치료를 수행하면 된다. 독서치료는 참여자의 마음과 책/문학 작품 사이의 상호 역동적 관계에서 일어나는 치유력이라 할 수 있지만, 글쓰기치료에서는 모든 역동이 글을 쓰는 참여자의 심리에서 비롯된다. 독서치료에서는 카타르시스나 인물과의 동일시, 인물을 통한 통찰이 일어나지만 글을 쓰는 과정에서는 동일시나 카타르시스보다는 화해나 기억의 환기 등이 일어난다. 하지만 문학 작품이 의사소통이나 표현 행위 자체를 주안점으로 둔 것이 아니라 텍스트 그 자체에 의미를 두는 것처럼, 글쓰기치료 또한 참여자의 글 그 자체보다는 글을 쓰는 참여자의 마음이나 참여자 스스로가 이 글을 어떻게 보느냐가 중요한 것은 마찬가지다. 결국 문학치료가 글의 흐름이나 글의 맥락을 중심으로 전개된다면 글쓰기치료에서는 무엇보다도 참여자의 마음과 참여자가 서술한 글의 정서가 중요하다 하겠다.

글쓰기치료의 기술과 치유력[24]	
글쓰기 이론	**치료적 효과**
심미적 · 창의적 표현 형식	참여자 생애 및 전기 기술 작업
발표 및 낭독	치유와 텍스트로써의 삶
자신과 세계와의 대화	가장 작은 틀 내에서의 관계 형성 능력 발달
추상화와 이화 효과/거리 두기	자아발달 내지는 자아의 정립
참여자 스스로의 창의적 성과 탄생	자가 치유 및 자아 강화 카타르시스
문화창작자로서의 자기이해	상호 매체적 공간, 창의성, 진정한 자아의 발견, 몸동작, 표현 능력, 감각 발견의 즐거움

또한 글쓰기치료 과정에서는 다양한 글쓰기 양식을 실제로 적용하는 것, 텍스트를 다른 형식으로 바꾸는 작업 또는 마인드 맵Mind map이나 브레인스토밍Brainstorming을 시도해 보는 것도 매우 유익하다. 특히 이것을 미술이나 음악, 몸짓과 연결시키면 더욱 창의적인 효과를 이끌어 낼 수 있다. 또한 체

24 위의 내용은 FPI에서 문학치료 과정을 밟는 동안 정리한 내용을 도표화한 것으로, 이러한 치료적 과정과 성과는 일제 오르트와 페촐트 교수가 전반적인 심리치료예술에서 강조하는 통합적 이론과 방법에 기초한 것이다.

베나, 하이쿠, 즉흥시, 공동 무대극, 창작 동화나 이야기 등을 만들어 보는 것도 좋다. 이러한 다양한 문학적 형식들을 제공함으로써 참여자들은 다양한 매체적 표현을 할 수 있기 때문이다. 운율이나 리듬, 박자 등이 억압된 것을 불러올 수 있는 내적 형식을 가지고 있다는 것 또한 그 이유가 될 수 있다.

그러나 점차 증가하고 있는 글쓰기치료에 대한 관심이나 다양한 영역으로의 저변 확대에 비해 정작 글쓰기치료에 관한 본질적인 연구는 매우 미미한 수준에 그치고 있다. 따라서 본 저서는 글쓰기치료에 대한 다양한 접근방식을 제시하고, 또한 그것을 실제 문학치료 임상에 적용할 수 있도록 하는 데 필요한 모든 과정을 제공하고자 한다.

문학치료 영역에서 이론적으로 정신분석학에 가장 많이 의지하는 파트가 바로 글쓰기치료 영역이다. 이는 정신분석학에서 말하는 무의식적 소망들과 욕망들이 글을 통해 문학 작품으로 승화된다고 보기 때문이다. 여기서 문학은 밤에 꾸는 꿈이 아니라 낮에 거절 당하거나 채워지지 못한 소원들을 충족하려는 욕구의 표출이라 할 수 있다. 여기서 치료로서의 글쓰기 행위가 시작된다. 무엇보다도 정신분석학에서는 유년의 억압이 정서적 단계들을 거쳐 서서히 표출될 뿐만 아니라 글쓰기 과정을 통해 참여자가 자기 스스로의 의식세계를 표면화한다고 본다. 이처럼 독서치료의 기본 원리가 망각이라면 글쓰기치료의 기본 원리는 기억의 환기에서 시작된다.

그러나 모든 글쓰기 행위가 치료성을 지니는 것은 아니다. 가령 글쓰기치료에서 가장 빈번히 일어날 수 있는 역기능으로 글을 쓰는 참여자가 자신의 내면과는 전혀 무관한 이야기들을 서술하는 것이 있다. 다시 말해 참여자가 적극적 상상에 몰입되면서 무의식적으로 이야기를 만들어 내는 작화 Konfabulation를 할 수도 있다는 것이다. 글을 쓰는 행위는 참여자의 상처를 현실 속으로 다시 불러오는 것이나 다름없다. 그렇기 때문에 참여자가 쉽게 자신의 상처를 불러내어 글로 옮기는 과정에는 예상보다 긴 시간과 여유가 필요하다. 경우에 따라서는 그 과정에 몰입을 하지 못하는 수도 생긴다. 이는 참여자의 자기방어나 상처에 대한 저항이 크면 클수록 힘들다. 이것을 완화해주는 심리적 장치가 선 긋기나 그림 그리기, 음악 듣기 내지는 시 읽기와 시 쓰기이다. 글쓰기치료나 문학치료는 대부분 그룹으로 진행되므로, 치료사가 집단 내에서의 공동의식과 그룹 내에서의 창의적인 공감을 유도하는 것도 매우 중요하다. 참여자와 참여자 사이의 신뢰를 갖게 하는 것은 기본이다.

이처럼 글쓰기치료는 문학이나 글을 다룰 줄 아는 치료사의 개입이나 중재가 반드시 필요하다. 또한 치료사는 참여자가 자신의 상처에 너무 깊이 몰입하여 감정을 분출하거나, 심한 경우 신체적 발작을 일으킬 수도 있으므로 이를 적절히 통제하고 중재해야 한다. 치료사는 참여자가 스스로 치료될 수 있도록 격려하고 참여자 스스로가 감정을 통제할 수 있도록 유도해야 한다. 글쓰기치료에서 이런 저항을 완화시키는 것은 치료사의 중요한 능력 중의 하나인데, 그것을 위해서는 음악을 듣거나 그림을 그리거나 영화나 연극을 보는 방법도 좋다. 그래서 글쓰기 치료는 사실상 다른 장르와 결부되어서 통합적으로 이루어지는 것이 일반적이다.

또한 글쓰기는 내면의 고통들이 어느 정도 가시고 난 이후에 가능한 경우가 대부분이다. 다시 말해 참여자들이 가진 과거의 기억이나 경험들은 마치 하나의 현상이 의식되기 위해서는 그것이 완전히 사라진 후에야 비로소 가능하다는 논리와도 유사하다. 왜냐하면 기억이란 그것이 관련하고 있는 경험이 완결되어 과거지사가 되었을 때 생길 수 있기 때문이다. 이것은 우리가 시인들의 시를 보면 더욱 분명히 알 수 있다.

이와 같이 글쓰기가 치료적인 기능을 가지려면 기술적으로 첫째, 치료 목적을 포함한 치료 계획이 설정되어야 하고, 둘째, 치료를 받는 대상자가 있어야 하며, 셋째, 훈련된 문학치료사의 적절한 중재와 개입이 있어야 하고, 마지막으로 어떤 형태로든 글쓰기나 글쓰기 활동이 동반되어야 한다.

chapter II 04

글쓰기치료의 대상

심리치료 영역이나 정신의학에서는 만성적 우울(증)이나 심각한 정신장애가 있는 경우는 대부분 약물치료를 적극 추천한다. 하지만 평소 건강하던 사람이 가까운 사람과의 이별이나 실직, 경제적인 위기 등으로 인해 불면증에 시달린다거나 스트레스가 일상화되는 경우에는 약물치료보다는 글쓰기치료나 문학치료와 같은 인지행동적 방법이 더 효율적이다. 따라서 글쓰기치료의 대상은 평소 건강하던 사람들이 위기의식에 빠진다거나 자신감이 없어지고 불안장애에 시달리는 경우를 대상으로 한다. 뿐만 아니라 위에서 제시한 만성 환자들의 경우에도 약물치료와 더불어 글쓰기치료를 동시에 진행하는 것을 적극 추천하기도 한다. 이처럼 글쓰기치료의 대상은 다른 치료 영역과는 달리 매우 광범위하다. 특히 어른들과는 달리 구조화된 자기 이야기가 형성되어 있지 않은 아동이나 상상력이나 연상 능력이 점차 커져 가는 청소년들이 글쓰기치료에 적절한 대상이다.

글쓰기치료는 정신건강을 지속적으로 유지하고자 하는 모든 사람들에게 열려 있는 치료 영역이다. 글쓰기치료가 막 시작될 무렵에는 문제아나 자폐

증을 가진 아동이나 성인들을 중심으로 정신과 치료에서 부분적인 요소만 도입되어 치료를 돕는 기능을 하며 제한적인 영역에서만 사용되었지만, 최근에는 건강한 사람은 물론 정신적 장애를 가진 모든 사람들에게까지 다방면으로 확대되고 있다. 따라서 글쓰기치료는 건강한 사람을 포함한 상처를 가진 사람들에게까지 정서적emotional, 정신적mental, 사회적social, 육체적physical인 모든 것을 포괄한 치료를 얻고자 하는 사람들을 치료의 대상으로 한다.

이와 같이 글쓰기치료는 일차적으로 일상생활을 하는 데 심신의 불편을 가진 모든 사람들을 대상으로 보고, 이들이 정상적인 생활을 할 때까지 지속적인 치료를 수행할 것을 권고하고 있다. 이들 대부분은 사회에서 다른 사람들과의 접촉이 힘들어지고 사람들과의 관계가 점차 축소되면서 결국 온전한 사회생활을 형성하지 못하게 되는 경우가 많기 때문이다. 좋은 인간관계를 형성하는 것은 오로지 우리의 뇌에만 저장되는 것이 아니라 몸과 마음의 균형을 이루는 데도 좋은 효과를 준다. 글쓰기치료는 남녀노소를 막론하고 어디서나 간단히 수행할 수 있는 치료기술이자 치료방법이므로 이러한 증상으로 어려움을 겪는 이들은 치료하는 데 크게 도움이 된다. 또한 평소 정신이 분열되고 허상이 심한 참여자들도 치료 대상에 포함되는데, 이들은 정적인 글쓰기 매체를 통해 자신들의 기억을 모으고 체계화하는 능력을 키울 수 있을 뿐만 아니라 분리된 자아와 현존재를 통합하는 치유적 힘을 얻을 수 있다.

그 밖에도 글쓰기치료는 그 특성상 매우 정적인 치료 영역이라 꾸준히 오랜 기간을 두고 수행하는 경우 기분장애나 불안장애와 같은 심리적 증상의 경우는 효과가 있지만, 강박이나 경계선 장애와 같은 증상에는 치밀한 치료 구조와 치료의 장이 요구된다. 예컨대 이러한 경우는 인지행동치료를 동시에 병행한다거나 몸치료나 동작치료를 함께 하는 것도 좋다.

아울러 창의적인 글쓰기 작업을 하려는 사람들도 글쓰기치료의 적절한 대상으로 포함시킬 수 있다. 이들은 글쓰기를 통해 자가분석이나 자가치료를 할 수 있다는 장점을 가지면서 동시에 논리적인 글쓰기의 틀을 정립해 나갈 수 있다. 뿐만 아니라 글쓰기를 통해 언어가 주는 유희 공간을 스스로 체험하고자 하는 사람들부터 정해진 글쓰기치료의 과정에서 자아정립의 힘을 키우려는 모든 사람들도 치료 대상에 포함될 수 있다. 최근 들어서는 단순한 글쓰기 동호회 혹은 참여자들이 쓴 글들을 모아 책을 만드는 동호회에 이르기까지 다양한 형태의 모임들이 만들어지고 있다. 이들은 스스로 쓴 글에 대한 피드백이 주는 치료적 의미를 몸소 체험하는 사람들이라 할 수 있다. 이들은 스스로 이야기를 만들고 이야기를 글로 표현하면서 때로는 이것을 다양한 매체들로 옮겨놓기도 한다. 이러한 작업을 통해 이들은 자기 주변의 세상을 이해하는 것은 물론, 스스로를 발전시키고 내면의 갈등들을 창의적인 방법으로 해결할 가능성을 발견하게 된다.

chapter II

05

글쓰기치료에서 치료사의 역할

최근 우리는 미국과 독일 등 세계 각국에서 일어나는 총기 사건들을 접하면서, 정신건강을 위한 심리치료 영역이 얼마나 중요한가를 일상생활에서 거의 매일 실감하며 살고 있다. 특히 지난 2008년도 겨울, 독일 남부 지역에서 일어난 총기 난사 사건 이후 트라우마에 시달리는 사람들을 다시금 일상으로 돌려놓는 데 정신건강 치료사들이 해낸 역할은 실로 컸다고 할 수 있다. 이들은 시간을 두고 피해자들의 이야기를 끊임없이 들어주었으며 지금 심정이 어떤지를 물었다. 그들이 울음을 터뜨릴 때 함께 하며 마음으로 보듬어 주기도 하였다. 이러한 역할을 해내기 위해 글쓰기치료에서 치료사가 가져야 할 기본 자세는 스스로 몸과 마음의 통합을 이루는 것이다. 이들이 이와 같은 심신의 여유를 가질 수 있을 때 치료사로서의 역할을 수행할 수 있다.

다른 치료와는 달리 글쓰기치료에서 치료사의 역할은 참여자가 글쓰기에 대한 심리적 저항이나 방어기제가 있는지 없는지를 파악하여 미리 대처하는 데서 시작된다. 물론 참여자가 글을 쓰는 공간이나 현재 상황을 편안하게 인지하게 하는 것도 중요하며, 개인 안에서 혹은 그룹 내에서 창의적인 교감이 일어날 수 있도록 유도하는 것도 치료사의 역할이다. 글을 쓴 후 서로 피드백을 할 때 글을 듣고 느낌이나 인상을 되돌려 주게 하는 것도 여기에 속한다. 참여자들은 그들이 듣는 단어 하나하나에 다양한 반향을 갖게 된다. 이처럼 글쓰기치료에서는 치료사가 참여자들로 하여금 자신들 내면에 들어 있는 언어를 찾게 해 주는 것과 내면의 깊이로 들어가게 하는 작업이 중요하다.

그 외에도 글쓰기치료에서의 치료사들은 다른 치료방법과는 달리 치료적 측면보다는 예방적 차원에서 더 많은 관심을 가져야 한다. 예컨대 치료사는 참여자들이 스스로 쓴 텍스트 그 자체가 진정한 치료의 힘을 갖기 위해서는 결과물보다 쓰기의 과정이 더 중요하다는 것을 인식하여야 한다. 치료사는 글을 읽는 것과 마찬가지로 글을 쓰는 것에도 가치를 두어야 하며, 글쓰기치료를 하는 데 있어 무분별한 텍스트의 사용이 가져올 수 있는 위험성도 간과해서는 안 된다.

아울러 치료사는 글쓰기치료 활동을 통해 참여자들이 자아존중감을 확고히 하고 주변이나 대상과의 관계에도 자아인식을 촉진할 수 있다는 긍정적인 생각을 하도록 할 수 있어야 한다. 또 글쓰기치료의 방식이 참여자들의 내적 정서를 드러내고 소산하는 데에도 적극 사용되어 참여자 개개인에게 적절한 치유력을 줄 수 있어야 한다. 글쓰기치료의 과정은 분명 일상의 독서, 다각적인 체험, 사회와의 소통, 자기 성찰이라는 조건하에 그 효과를 발휘한다. 따라서 글쓰기치료는 치료사와 참여자 간의 매우 창의적이고 열린 소통을 요구하는 작업이라 할 수 있다. 물론 일상의 느낌이나 단순한 표현의 정리 또한 그것이 복잡한 마음을 소산하는 결과를 가져왔다면 글쓰기치료의 범주에 넣을 수 있다. 이러한 결과를 정해진 치료의 장에서 얻을 수 있도록 도와주는 역할이 바로 치료사의 과제이자 의무라 하겠다.

그 외에도 글쓰기치료사는 다각적인 훈련을 받아야 한다. 탄탄한 문학적 소양을 갖추어야 하며 문학을 다루는 기술뿐만 아니라 문학치료적 임상의 전문 지식도 주도적으로 쌓아야 한다. 무엇보다도 치료사로서 언어를 창의적인 도구로 다룰 줄 알아야 하며, 그 중에서도 특히나 참여자들이 쓴 문학 텍스트를 이해하고 행간의 언어가 가진 의미들을 알아야 한다.

치료사는 참여자들이 쓴 글을 보고 참여자들의 문제적 상황을 이론적으로 정리할 수 있는 능력은 물론, 글 쓴 내용(치료로서의 텍스트)을 인식하는 법을 알아야 한다. 이것을 치료사는 글쓰기치료가 시작되는 순간부터 마무리되는 순간까지 늘 염두에 두고 있어야 한다. 경우에 따라서는 참여자들이 글쓰기 자체에 대한 거부나 저항이 있어 과정을 전혀 수행하지 못하는 경우도 종종 있다. 이 때도 치료사는 참여자를 재촉하거나 강요해서는 안 되며, 참여자 스스로가 자기 자신에게나 치료사에게 마음의 문을 열 때까지 기다려야 한다. 가끔은 이런 과정에 진전이 없는 경우도 있다. 이런 경우에는 놀이치료나 동작치료 등 참여자들에게 좀더 적절하다고 생각되는 다른 치료방식을 추천하거나 상담 등을 통해 구체적인 원인을 대화로 풀어나가는 방식도 좋다. 물론 이런 경우를 제외한 대부분의 경우 치료사는 서술된 텍스트만 가지고 참여자와 글쓰기치료를 수행하면 된다. 아울러 치료사는 참여자가 억눌린 감정을 소산하고 인지와 감정 훈련을 통해 스스로가 가진 고착이나 억압에서 벗어날 수 있도록 글쓰기적 정서를 제공하는 것이 중요하다.

그 외에도 글쓰기치료에서 치료사는 참여자들의 텍스트에 대해 그룹 간의 반향을 관찰하고 경우에 따라서는 적시적소에서 적절한 개입을 하는 것이 필요하다. 왜냐하면 결국 글쓰기는 참여자의 삶을 하나의 즐거운 유희의 장이라는 관점에서 파악하고 자발적으로 참여할 때 우러나오는 것이기 때문이다. 이러한 과정을 통해 이들은 더 넓은 세계로 진입할 수 있으며 새로운 삶에 대한 자기 통찰을 얻을 수 있는 것이다. 이것을 위해 글쓰기치료에서는 부정적인 과거의 기억이나 상처를 다시 경험하게 하여 '지금 여기'에서의 위안과 보상을 받게 된다.

또한 치료사는 참여자들이 글을 쓰기 시작할 때 종종 보이는 심리적 저항을 완화시키는 기술을 겸비해야 한다. 예를 들어 저항이 심한 참여자와 그렇지 않은 참여자를 구분해 어떤 상황에서 음악을 사용해야 하는지, 아니면 그림을 그려 심리적 소산을 얻게 할 것인지를 명확히 판단하여 치료에 적용할 수 있어야 한다. 따라서 글쓰기를 통해 심신의 건강을 다루는 치료사들은 음악, 미술, 몸동작, 명상법, 문학 이론 등 다양한 분야의 치료 기술들을 적시에 활용할 수 있는 기본 능력을 갖추어야 한다. 최근 영화도 그러한 초기 저항을 완화하는 데 편리한 매체로 부각되어 있어 매체 선정에도 유연한 자세를 가지는 것이 바람직하다. 결국 글쓰기치료도 인간의 감각이 다양한 것처럼 다른 장르와 결부되어서 통합적으로 이루어지는 것이기 때문이다. 페촐트 교수는 적어도 사람의 마음을 치유하는 치료사라면 인간이 가진 모든 감각 영역을 자유자재로 사용할 수 있을 뿐만 아니라, 그것을 토대로 참여자들의 갈등이나 문제를 하나씩 풀어 갈 수 있는 폴리로게Polyloge, 즉 하나의 인격체로 고정된 사람이 아닌 다각적인 시각과 모습을 가진 사람이 되어야 한다고 말한다. 그래야만 참여자들이 치료사들로부터 자신과 세상을 새로운 눈으로 바라볼 수 있다고 그는 보고 있다.

이와 같이 치료사가 치료 과정에서 수행하는 역할들은 매우 세심하고 신중한 과정을 거쳐 이루어진다. 따라서 참여자들을 위한 글쓰기 주제, 글감 선정, 글을 쓸 수 있는 분위기 조성 외에도 아래와 같은 자기 훈련이 필요하다. 치료사는 참여자들이 자신과 주변의 세계 내에서 스스로를 이해할 수 있도록 언어가 가진 유희 공간들을 자유 연상을 통해 자유롭게 흐르도록 유도할 수 있어야 한다. 여기에서 참여자들은 언어를 통해 내면의 이미지와 환상 공간을 만들어 감으로써 통합과 새 방향 설정이라는 치료의 최종 목표에 도달할 수 있게 된다. 물론 참여자가 그러한 환상 공간을 충분히 가질 수 있도록 이야기를 만드는 데는 시간이 필요할 것이다. 그것은 참여자들이 이야기를 스스로 글로 쓸 때, 그리고 모든 생각과 느낌들을 단어 하나하나에 실어 스스로를 순간 속으로, 그리고 말할 수 없는 것을 허용할 때에야 비로소 가능한 일이다.

chapter II 06

글쓰기치료와 글쓰기 정서

최근 베른하르트 슐링크의 소설 『책 읽어 주는 남자Der Vorleser』가 영화화되어 많은 사람들의 관심을 불러일으켰다. 이 영화는 특히 읽기치료나 쓰기치료를 연구하는 사람들에게 많은 시사점을 던져주고 있어 더욱 주목된다 하겠다. 주인공 한나는 미하엘이 읽어 주는 텍스트들을 통해 글쓰기 능력을 갖게 된다. 한나에게는, 문자가 귀를 통해 들려오는 순간까지는 글이 주는 반향이 자기 변화를 일으킬 만큼 크지 않다. 하지만 그녀가 글을 깨쳐 스스로 글을 쓰는 순간, '책임'과 '의무'라는 단어가 그녀의 머리가 아닌 가슴에 꽂힌다. 비로소 그러한 단어들이 무엇을 의미하는지, 그리고 자신이 한 행동들이 다른 사람들에게 얼마나 많은 상처를 주었는지 스스로 인식하게 된다. 글을 쓰고 문자를 깨치는 순간 비로소 양심이란 실체가 그녀의 심층으로부터 불쑥 올라온 것이다. 그녀에게는 현실적으로 감당하지 못할 과거가 있으며 그 책임을 거부할 수 없는 상황에 그녀는 놓인다. 그녀가 글을 읽지도 쓰지도 못하기 때문이다. 관객들은 말없이 한나를 바라보는 미하엘처럼 소리친다. 한나는 죄가 없다고, 죄가 있는 건 글을 읽고 쓸 줄 아는 사람들이라고 말하고 싶어 한다. 하지만 한나는 자신이 문맹이라는 사실을 밝히는 것이 더욱 수치스럽고 그것을 드러내느니 차라리 감옥행을 택하는 편이 낫다고 생각한다.

필자는 이러한 한나의 심정을 글쓰기치료에서 종종 목도되는 참여자들의 정서와 비교하고자 한다. 글쓰기치료에 참여하는 사람들도 인생의 전부를 포기하고 감옥을 택하는 한나처럼 체념하는 경우가 많다. 때로는 마음의 상처를 언어로 옮기는 것보다 차라리 그것을 안고 살아가는 것이 낫다고 생각할 때도 있다. 하지만 한나는 미하엘이 읽어 주는 문학 작품을 통해 결국 글쓰기치료의 자기정서를 찾아가게 된다. 이처럼 참여자 자신이 어느 순간 자신을 표출할 수 있는 글쓰기 정서를 발견하는 것은 글쓰기치료에서 매우 중요하다. 글은 아무 때나 쓰고 싶을 때 쓰여지는 것이 아니기 때문에, 이러한 글쓰기 활동에 요구되는 글쓰기치료 정서를 구조화하는 것이 매우 중요하다. 왜냐하면 글쓰기치료에서 우리는 글을 쓰는 동안 자기 자신에 대한 깊은 정서적 체험을 할 수 있을 뿐만 아니라 나 자신을 깊이 들여다볼 수 있는, 그리고 그 세계를 표현할 기회를 갖게 되기 때문이다. 글쓰기치료에서 이러한 정서를 필요로 하는 이유는 글을 쓰는 과정에서 참여자가 자신의 문제를 스스로 이해할 수 있을 뿐만 아니라 문제 해결을 위한 통찰력 또한 스스로 갖게 할 수 있기 때문이다.

따라서 글쓰기 프로젝트나 글쓰기치료 과정에서 글쓰기 정서를 고려하지 않은 채 트라우마나 상처와 같은 직접적인 주제를 정해 놓고 표현적 글쓰기를 하는 것은 바람직하지 못하다. 일반적으로 글쓰기치료를 하는 참여자들의 경우 표현적 글쓰기에 대한 방어기제가 내면적으로 만성화되어 있는 경우가 많다. 이런 경우 그들이 가진 내면의 상처를 직접적인 언어로 옮기는 데는 오랜 시간이 걸릴 수도 있고, 자칫 잘못하면 글쓰기 자체를 할 수 없는 상황에 도달할 수도 있다. 이처럼 글쓰기치료에서 중요한 것은 어느 순간에,

자신이 직접 쓴 텍스트나 아니면 이미 쓰여진 시인들이나 작가들의 텍스트들을 통해 작은 파문을 얻게 되고, 그것이 글의 실마리가 되어 글로 옮겨지고 글로 옮겨진 것이 다시 구어적 전달로 이어져 치료 효과를 나타내는 것이다. 이러한 결과에 도달하기 위해서는 참여자들이 여유를 가지고 자연스러운 언어를 그들이 가진 이미지로 옮길 수 있도록 충분한 글쓰기 정서를 갖는 것이 중요하다.

이와 같이 글쓰기치료에서 스스로 정서적 이해를 체험하는 과정은 참여자의 심리적 과정을 이해하는 데 중요한 단서가 된다. 우선 음악을 듣고 명상을 하면서 자연스러운 자신의 내면으로 침잠한다. 잠시 눈을 뜨고 왼손으로 지금의 심정을 간단한 선이나 단어로 그려본다. 여기서는 선의 모양이나 단어의 의미가 중심에 있는 것이 아니라 실제로 참여자들이 얼마나 자기 감정에 충실하고 진솔해지느냐가 더 중요하다. 선이나 표현을 보며 서로 피드백하는 시간을 갖는다. 여기서도 중요한 것은 나의 특별한 감정이 나만 그런 것이 아니라는 것을 나눔으로써 서로 간에 친밀감을 가지는 것이다. 왼손으로 그린 그림이나 선의 모양은 당연히 각양각색이다. 자유로운 왼손이 편안한 정서와 만났으니 그 표현은 다양하다 못해 기괴하기까지 하다.

그 밖에도 글쓰기치료에서 중요한 것은 글을 통해 자신을 마음껏 표현할 수 있는 시간적, 심리적 여유를 갖는 것이다. 이것이 조성되지 못하면 글을 쓰기 시작할 수도 없을 뿐더러 마음의 문도 열리지 않는다. 이 마음의 문이라는 것은 참여자의 이전 기억으로 돌아간다는 차원이기 때문에 마음의 준비를 하지 않으면 당연히 이것도 열리지 않는다. 이것이 바로 글쓰기치료에서 요구되는 글쓰기적 정서이다.

chapter III

글쓰기치료의 매체

공간 Loci

|

문자 Letter

|

소리 Sonare

|

몸 Leib

|

그림 Performare

chapter III 01

공간 Loci

다리와 팔은 잠들어 있는 기억으로 가득하다.
(마르셀 프루스트, 『잃어버린 시간을 찾아서』 중에서)

프로이트는 한 논문에서 자신의 환자의 증상을 보고 어떤 정신병이 있는지를 알아내거나 증상과 병리를 진단하는 일을 고고학자가 하는 일에 비유한 적이 있다. 그는 "고고학자가 잔존해 있는 담의 잔해를 가지고 건물의 내벽을 구성하고, 바닥에 패인 구덩이를 보고 기둥의 수와 위치를 알아내며 폐허에서 발견한 잔해에서 당시의 벽장식과 벽화를 복원하듯, 정신분석학자도 똑같은 방법으로 기억의 파편이나 연상이나 분석 대상자가 하는 말을 근거로 하여 결론을 내린다. 고고학자도 정신분석학자도 남아 있는 잔해를 끼워 맞추어 보완하여 재구성할 권리가 있다는 것은 말할 필요도 없다."[25]고 강조하고 있다. 우리는 프로이트의 발굴의 비유를 보며 글쓰기치료에서의 참여자 개개인이 가진 심연의 공간을 스스로 들어왔다가 되돌아 나갈 수 있도록 해주는 심신의 공간을 마련해 주어야 한다는 것을 알 수 있다. 프로이트는 이러한 치료적 작업 과정에서 반드시 "창의적인 작업"의 역할도 강조하고 있

25 Sigmund Freud(1937), Konstruktionen in der Analyse, in : Gesammelte Werke, Bd. XVI, S. 41–56. 여기 인용한 부분은 45쪽 이하.

다. 물론 프로이트가 말하는 정신분석적 치료의 재구성과 글쓰기치료 과정에서 참여자 스스로가 찾아가는 과정에는 다소 차이가 있을 수 있다. 다만 필자가 보기엔 이 두 과정에서의 공통점은 무엇보다도 치료에 임하는 참여자 스스로가 자신의 심연으로 들어가 자신을 위한 언어들을 펴 오고, 자신에 의한 은유와 상징을 가져올 수 있는 치유적 공간이 필요하다는 것이다.

그 밖에도 고대의 기억술의 핵심이 '이미지imagines'와 '장소loci'라는 매체를 통하여 이루어지고 있다는 것을 알 수 있다. 이미지란 기억의 내용을 명확한 형상으로 코드화한 것이고, 장소란 이 형상을 일정한 구조로 되어 있는 어떤 공간 속의 구체적인 장소에 대응하는 것을 뜻한다. 이러한 공간은 기억술의 매체이며, 기억의 화신이라고 볼 수 있는 복잡한 구조로 된 내면의 건축물이자 기억의 상징체이다. 이 두 가지의 차이는 크지 않다. 따라서 고대인들은 기억에 대한 비유를 사당이나 도서관, 사극의 개념으로 보았다.[26] 왜냐하면 이들이 보기에 인간의 자연적 기억력이란 늘 신뢰할 수 있는 것이 아니며 또한 이것을 보완할 만한 인위적인 기억 이론을 발견해야 한다고 믿었기 때문이다. 이처럼 기억술이 생긴 후 기억과 공간의 관계를 깰 수 없는 것처럼 글쓰기치료의 장에서도 공간이 가지는 의미는 매우 크다 하겠다.

필자는 독일 FPI에서 몇 년에 걸쳐 문학치료 과정을 밟아 오면서 치료적인 효과를 강화하는 데는 그야말로 적절한 공간과 장소가 필요하다는 것을 알게 되었다. 우선 치료를 위한 공간은 외부와의 철저한 단절이 필수적이다. 그간 유발된 많은 문제와 부정적인 일들과 참여자 사이에 적당한 거리 두기가 필요하기 때문이다. 물론 시시각각 계절의 변화에 따라 색다른 느낌을 가져다 줄 수 있는 FPI 연구소와 같은 공간과 주변 환경은 아닐지라도 참여자들이 편안한 마음으로 자기 자신에게 몰입할 수 있는 신뢰의 공간이 전제되

26 이 비유를 만들어 낸 이는 서사시인이자 이론가인 J. L. 보르헤스이다(『바벨의 도서관』). T. S. 엘리어트와 E. M. 포스터는 1920년대에 도서관을 동시성을 띤 유산의 지평이라고 언급했다. Vgl. auch: Ulrich Ernst, *Die Bibliothek im Kopf*, in: LiLi 105 (1977), S. 86-123.

어야 함은 두말 할 필요가 없다. 이만큼 치료에서의 공간 개념은 참여자들의 치료적 정서를 불러오는 데 매우 중요한 요인으로 작용한다.

뿐만 아니라 참여자들이 글쓰기치료를 수행할 수 있는 외적인 공간 외에도 우리는 기억 작업을 새로이 할 수 있는 참여자의 내적 기억 공간을 필요로 한다. 여기에는 치료사의 매우 치밀하고도 세밀한 기술과 매체가 요구된다. 왜냐하면 참여자들이 치료 과정에서 과거의 부정적인 기억과 화해하면서 새로운 기억을 만들어 가는 데 적당한 기억의 공간을 가져야 하기 때문이다. 앞서 밝힌 바와 같이 요아힘 바우어와 같은 뇌신경학자는 인간의 뇌 속에는 신체의 지도라는 공간을 가지고 있어 그 뇌는 모든 것을 기억하지 않고 선별적으로 기억하고 싶은 것만 기억하도록 결정한다고 보았다. 또한 그는 인간의 신체 지도 안에는 그간 그림/장면이나 문자/언어를 통해 경험한 모든 것, 즉 보고 들은 것이 시냅스에 기록된다고 보고하고 있다.

물론 보고 들은 것이 모든 기억을 재생시킬 수 있는 것은 아니다. 그러나 여기에 글쓰기치료에서 공간이나 다른 매체들을 통해 치유적 에너지를 얻을 수 있는 근거가 마련되는 것이다. 다시 말해 이러한 재생된 기억과 지워진 기억 사이를 자연스럽게 이어주는 것은 참여자의 창의력이 수행하는 역할이지만, 또한 이러한 창의력을 고스란히 담을 수 있는 곳은 바로 참여자들이 치료의 과정을 통해 만들어 가는 내면의 공간이다. 이것을 좀 더 강화해 주는 것이 공간을 포함한 다양한 글쓰기치료의 매체들이라 할 수 있다. 물론 이러한 작업은 전문적인 글쓰기치료사의 도움과 지지를 통해서만이 가능하다. 따라서 글쓰기치료에서의 공간 개념은 장소로서의 공간과 과거의 기억과 새로운 기억을 재구성하고 재정리할 수 있는 내면의 공간 모두를 포괄한다.

FPI 사진

chapter III 02

문자 Letter

인류의 역사가 생긴 이래 기억의 매체로써의 문자는 독해의 가능성과 투명성이라는 특성으로 인해 오랜 기간 동안 선호되어 왔다. 인간의 역사는 문자를 통해 기록될 수 있었고, 문자라는 매체를 통해 유유히 보존되어 왔다. 이미 고대 이집트인들은 글자를 가장 확실한 기억 매체로 칭송한 바 있으며, 천 년도 넘는 세월 동안 거대한 건축물이나 기념비들은 폐허가 되었지만, 당시의 문자, 즉 텍스트는 사람들이 계속 필사하고 읽음으로써 과거의 문화를 되돌아볼 수 있는 매개체로 기능하였다고 전한다. 이들은 파피루스의 검은 잉크 흔적이 경비를 많이 들인 값비싼 무덤보다 더 지속성 있는 기념비라는 것도 일찍이 인식하였던 것이다. 이처럼 전자 문자가 발명되기 전 고대 문명에서의 글쓰기란 원칙적으로 밀랍판이나 점토나 돌판에 글씨를 새긴다는 것과 같은 뜻이었으므로 그리스어로 '쓰다'를 의미하는 'Charakter'는 새겨 넣은 글자라는 의미를 가진다.

'무언가를 아주 확실히 각인하는 것'을 마음 속에 쓴다고 표현하기도 한다. 인간이라는 존재의 일부가 죽지 않고 남아 있으려면 기억 매체인 문자의 힘을 빌지 않으면 안된다고 이들은 믿었던 것이다. 문자는 지속적으로 읽힘으로써 스스로 영구화되는 것이다. 여기서 문자는 기록된 것을 사라지지 않게끔 보관하는 기능은 물론 이들의 정신을 지속적으로 전하는 기능 또한 포괄하고 있다. 이처럼 고대인들이 도서관을 '마음을 치유하는 곳'으로 여겼던 것은 모두 문자매체에 대한 확신이 있었기에 가능하였다고 본다.

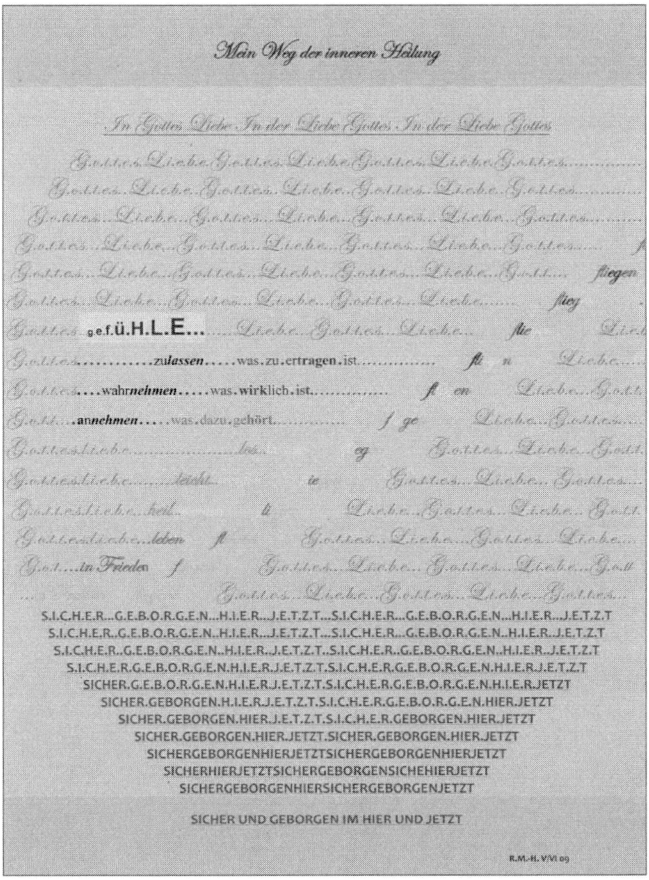

글쓰기 자료

따라서 문자매체의 형상화를 통한 글쓰기치료는 엄밀히 말해 인간의 사고력 및 표현력에 상상력을 더한 언어치료라 할 수 있다. 언어치료는 글을 쓰는 사람의 언어적 상상력이나 문자적 이미지를 통해 자기 치유력을 강화하고, 과거와 현재 사이의 간극을 좁혀 줄 뿐만 아니라 결국은 이 둘 사이의 분리를 통합하는 데 큰 역할을 한다. 이때 글쓰기를 통해 얻어지는 자기 치유력은 부정적인 에너지를 긍정적인 에너지로 바꾸어 줄 뿐만 아니라 자신에 대한 확신감을 줄 수 있다. 이런 과정 가운데에 참여자는 내면의 불안이나 갈등을 완화할 수 있으며 또 그것이 쉽게 해소될 수도 있다. 이처럼 글쓰기치료는 결국 우리 내면의 불안이나 소망 충족 욕구를 언어로 형상화하는 과정이다. 우리가 일상적으로 흔히 볼 수 있는 일기나 하루 일과를 되돌아보는 기록 남기기처럼, 글이 인간의 마음을 담을 수 있는 가장 치유적 수단으로써의 문자 매체로 자리매김될 수 있다고 본다.

글쓰기 치료 과정은 쓰기를 통해 자기만의 문자를 발견해 가는 과정이다. 여기서 글을 쓰는 사람은 자신도 알 수 없는 창의적 글쓰기를 하게 되고 자의식을 얻게 된다. 그러한 자의식은 자신만의 환상 공간을 만들어 주고 세상을 보는 공간 자체에 새로운 변화를 가져다 준다. 여기에 글쓰기치료에서의 문자가 가지는 매체적 기능은 물론 문자가 주는 치유적 힘을 찾아볼 수 있다. 글을 쓰는 사람이 자신이 만들어 내는 문자에 대한 확신이 크면 클수록 치유적인 에너지도 확산적이다. 그동안 부정적인 언어로 깊게 자리한 문자들은 참여자 스스로와의 화해를 모색한다. 이와 같이 글쓰기치료에서 문자 매체의 역할과 기능은 글쓰기 그 자체와 동일한 것으로 볼 수 있다. 왜냐하면 결국 참여자의 내면은 문자라는 매체로 체화되어 몸과 마음에 각인되기 때문이다. 아울러 참여자들이 다각적으로 문자 매체를 사용하기 위해서는 다양한 문자적 의미를 찾는 작업과 참여자 자신만을 위한 창의적인 문자의 발견을 시도하는 작업이 요구된다 하겠다.

소리 Sonare

얼마 전 인도 영화 『블랙Black』을 보고 많은 감동을 받았다. 이 영화 속에는 깊이와 넓이를 가늠할 수 없는 인도 명상철학의 파노라마처럼 감동의 물결이 녹아 있었다. 그중 필자가 가장 인상 깊게 본 것은 공간과 에너지 속에서 공명을 통해 흘러나오는 소리였다. 듣지도 보지도 못하는 주인공이 처음으로 알아들을 수 있는 매체가 소리다. 소리를 통해 문자의 의미와 이름을 하나하나 익혀 가는 것이었다. 물, 꽃, 나무, 엄마, 아빠와 같은 단어들이 마침내 공간 속의 소리 공명을 통해 귀로 전해지는 것이다.

우리는 대부분 한국어를 배울 때나 영어를 배울 때 한글 혹은 알파벳을 익히는 것부터 시작한다. 영화 속의 주인공 미셸은 어둠의 알파벳, 즉 B, L, A, C, K부터 배운다. 왜냐하면 그녀가 글을 배울 때부터 그녀의 세계는 깜깜한 암흑으로 둘러싸여 있기 때문이다. 듣지도 보지도 못하는 미셸은 마치 짐승처럼 생활한다. 부모 역시 통제가 안 되는 그녀를 그저 바라보고만 있다. 하지만 가정교사로 들어온 사하이 선생님은 그에게 수화로 언어를 가르치면서 점점 상황을 바꾸어 나간다. 그 역시 어린 시절 누이를 정신지체아 보호

영화 『블랙』의 한 장면

소에서 잃은 아픔이 있다. 이들을 빛의 세계로 이끄는 것은 다름 아닌 소리 매체였다. 물론 소리는 손과 몸이라는 또 다른 감각으로 읽히고 인식된다.

이와 같이 글쓰기치료 과정에서도 소리라는 매체는 음악과 더불어 참여자들의 내면의 감각을 활성화시키는 매우 중요한 수단이 될 수 있다. 글쓰기에 대해 심리적 저항이 있는 참여자들에게 긴장을 완화해 주고 굳어 있는 몸과 마음을 통합해 주는 기능을 할 수 있기 때문이다. 글쓰기치료의 시작 단계에서 종종 활용되는 음악은 긴장을 이완시켜 줄 뿐만 아니라 일시적인 긴장감에서 벗어나도록 이끌어 준다. 나아가 글쓰기치료에서 쓰이는 음악은 자기인식을 증가시키는 데에도 많은 도움을 줄 수 있다. 그 외에도 음악과 소리 매체는 긍정적인 사고의 초점과 긴장, 두려움, 불안, 그리고 불유쾌한 생각으로부터 기분을 전환시킬 수 있는 도구로 글쓰기치료의 시작 단계와 마지막 단계에서 자주 사용된다.

글쓰기치료에서 사용되는 음악은 참여자가 가장 편안한 상태로 듣는 것이 가장 좋다. 편안하게 눕거나 앉아서 들어도 좋다. 중요한 것은 음악을 들을 때 시각적인 자극을 피하기 위해 눈을 감는 것이다. 참여자에게 들려줄 곡은 처음에는 서서히 시작되었다가 빠르게 변화되어 가며 절정의 상태에서 지나고 나면 안정기의 음악으로 돌아오는 곡을 고르는 것이 좋다. 물론 이러한 과정은 참여자들이 치료사에 대한 신뢰와 친밀감이 없으면 시행하기 어렵기 때문에 이들 사이에 이미 두터운 신뢰가 있을 때를 전제로 한다.

이론적으로 글쓰기치료에서의 음악이나 소리 작업은 참여자들의 무의도적 기억이나 말로 형상화할 수 없는 언어나 감각을 다시 불러오는 데 반드시 수반되어야 하는 것으로 잘 알려져 있다. 그러나 이러한 과정 또한 이미 글쓰기치료를 오랜 기간 동안 수행해 온 전문치료사들의 적절한 개입과 기술이 요구된다 하겠다.

chapter III 04

몸Leib

우리의 육체는 왜 피부에서 끝나거나, 심지어 피부로 둘러싸인 또 다른 존재를 말하는 것일까?(돈나 헤러웨이)

90년대 이후 (인)문학 영역을 필두로 거의 모든 영역에서 그동안 학문적 주체로서는 철저히 소외되고 배제되어 왔던 육체를 복권해야 한다는 목소리가 커졌다. 이것은 '의미를 체현하는 몸'이나 '말하는 몸'의 패러다임으로 전환되어 급기야는 심리치료 영역에서도 점차 변화의 흐름을 타게 되었다.

서양에서는 물체, 즉 기계로서의 몸Körper과 느끼고 체험하는 몸Leib을 구분하면서 몸에 대한 담론이 주를 이루었다. 다시 말해 객관적으로 해부학적인 검증이 가능한 사물Ding로 관찰되는 신체로서의 몸Körper 개념이 있는 반면, 지각하고 경험하는 주체로서의 나, 즉 자아Ich로 파악되는 몸Leib 개념이 있다. 그동안 물질, 즉 물체로서의 인간의 몸은 자연과학이나 의학의 발전과 더불어 많은 부분 그 비밀이 밝혀진 것도 사실이다. 게엘렌이나 요하임 바우어 같은 학자들은 생물학적 지식을 바탕으로 몸이 인간 정신의 비밀을 풀 수 있는 구조를 갖고 있다고 주장하며 심리치료에서 특히나 몸에 주목할 것을 강조한다.

전통적으로 인간 몸의 경험적 현상들을 설명하려 했던 데카르트의 몸 개념은 마음/신체, 육체/정신의 이분법에서 출발한다. 데카르트의 몸에 대한 사유는 "인간의 몸은 뼈, 근육, 힘줄, 혈관, 혈액, 피부 등이 한데 어울려 만들어진 하나의 기계"이기 때문에 "의식적 존재, 즉 마음, 영혼, 오성, 이성"과 본질적으로 상반되는 것으로 간주하였다. 그러나 기계적 존재와 투명한 의식을 융합하려는 인간에 대한 사유 모델은 획기적인 최첨단 과학의 발전과 더불어 인간의 실존을 생리학적인 것과 심리학적인 것 사이에 위치시키는 현상학적 몸 현상에 관심을 갖게 되었다.

예를 들어 메를로 퐁티의 몸에 관한 철학적 사유는 "나는 생각한다. 고로 나는 존재한다"의 데카르트적 이성, 정신 중심의 근대철학을 비판하면서 인간의 몸을 '구체적으로 느끼고 체험하는 지각 세계'로 본다. 메를로 퐁티에 따르면, 인간의 몸은 지각하는 대상인 동시에 지각되는 대상이다. 따라서 그가 말하는 육체와 몸은 속성에 따라 분류가 가능하지만 실체적으로 분리되지 않으며 끊임없는 몸과 육체의 상호 교감은 물론 상호 작용을 시도한다. 다시 말해 우리가 입술을 움직여 말을 하지 않더라도 몸으로 말을 하는 것이 가능하다. 이처럼 감성적인 몸affektive Leib은 물체로서의 몸인 육체Körper와 뗄 수 없이 늘 상호 작용한다. 몸이 글쓰기치료나 표현예술치료에서 주목하는 이유가 여기에 있다. 글쓰기치료적 이론으로 보면 몸은 항상 인간이 몸담고 있는 세계 내에서의 의사소통 체계 안에 존재한다. 다시 말해 몸은 정보를 모으고 정리하여 재구성하며 심지어 새로운 의미를 부여하기도 한다.

이와 같이 글쓰기치료에서 말하는 매체로서의 몸은 단순히 자아와 정신의 수행 기관이 아닌 나 자신을 체현하는 심연이자 체험 공간으로 간주된다. 신경생물학이나 심리학, 사회학, 철학자들은 우리 인간의 몸을 결정하는 것이 단순히 유전자만이 아니라는 것을 속속 밝혀내고 있다. 다시 말해 관계 속에서 비롯되는 인간의 경험과 삶의 방식이 몸에 어떠한 지문을 남기는지를 보여주고 있다. 자극은 신경계의 미세구조를 지속적으로 변화시키고 유

연극치료

전자의 활동을 조절한다. 또한 정신적 스트레스가 뇌의 발달에 영향을 끼친다는 사실도 드러나고 있다. 쉽게 얘기하자면 외상성 경험이나 직, 간접적으로 겪은 폭력은 신경생물학적 지문으로 남게 되고 그것이 후에 신체장애나 정신장애, 혹은 심신장애로 나타날 수 있다고 보는 것이다.

따라서 우리가 글쓰기치료를 시작하면서 간단한 명상이나 몸동작으로 자기 몸에 대한 감각을 느끼게 하는 것은 그동안 인간관계와 관련해서 발생하는 모든 고통의 체험과 상처들이 고스란히 뇌의 신경세포 네트워크에 저장되어 있다고 보기 때문이다. 우리가 일상적으로 받는 스트레스, 상실감, 고통과 트라우마의 체험이 특정 유전자와 신경세포 네트워크의 활성화와 고착으로 인해 추후 각종 정신장애의 원인이 된다고 보는 것이다. 이것을 글쓰기치료에서는 인간이 그동안 축적한 신체적 비문의 각인, 즉 '내면의 그림'이자 무의식적 언어의 각인이라 칭한다. 그런 관점하에 글쓰기치료는 몸을 하나의 시작 매체로 보며 '말하는 몸'과 '기억하는 몸'의 감각을 다시 불러와 신경세포 네트워크와 거울신경세포에 남아 있는 좋지 않은 기억과 부정적인 사고들을 재정립하고 새로운 관점으로 볼 수 있도록 유도하는 것을 중점적으로 한다. 뇌과학적으로 불쾌한 체험적 가치의 기억은 특히나 변연계(편도핵, 아미그달라)에 저장되고 축적되어 있어 이것을 불러오는 데는 몸에 축적된 반응을 재경험하는 것이 중요하다. 이처럼 글쓰기치료에서의 몸의 언어는 '거울신경세포'에 축적된 내면의 무의식적(좋지 않은) 기억들을 교정하고 수정해주는 기능을 한다.

chapter III 05

그림 Performare

여기서 말하는 그림은 단순히 그림을 그리는 활동을 넘어서 텍스트를 듣거나 간단한 임프로[27]를 한 후 참여자 개개인의 느낌이나 생각 등을 어떤 형상으로 표현하는 것을 모두 포괄한다. 흔히 우리는 문학치료나 글쓰기치료 과정에서 체험하는 도입 단계의 음악이나 텍스트를 듣고 느낀 것을 바로 그림이나 이미지로 옮기는 작업을 하게 되는데, 이때 참여자는 순간적으로 받은 느낌을 정체된 형상으로 전환하게 된다. 단순한 선 그리기가 될 수도 있고 어떤 사물을 그릴 수도 있다. 경우에 따라서는 치료사가 삶의 파노라마를 그려 보라고 지시할 수도 있다. 인간은 영화를 보거나 어떠한 상황을 보면 하나의 '정지된 장면' [28]으로 기억하게 된다. 다시 말해 '보는 것은 모두 정지

---

27 앞서 언급한 바와 같이 임프로(Improvisation)는 흔히 연극이나 드라마치료에서 본 텍스트 재현으로 들어가기 전의 즉흥적 몸풀기 과정을 말하는 것으로, 인간의 모든 경험과 체험이 뇌 속의 신체 지도, 즉 시냅스에 모두 기록된다는 데서 출발한다. 따라서 여기서는 뇌 속에 저장된 모든 기억(Embodyment)이 치료의 핵심이 된다. 그렇다고 모든 기억을 불러온다는 뜻이 아니라 인간이 가진 창의적인 활동을 통해 즉흥적인 기억이나 이미지를 가지고 작업한다는 것을 의미한다. Doris Müller-Weith, Lilli Neumann(2002), Bettina Stoltenhoff-Erdmann(Hrsg.), *Theater Therapie*, Paderborn, 87쪽 이하를 참조.

28 EBS 〈과학다큐〉 중 〈인간의 뇌와 기억〉 편을 참조.

된 것들'이라는 것이다. 그래서 우리는 영화를 보고 나면 그것을 연속적인 동영상으로 떠올리지 않고 장면 장면을 떠올린다. 그래서 심리적인 외상이 있거나 신체적인 손상으로 인해 시각정보를 담당하는 뇌 기능이 제대로 작동하지 못하는 사람들은 움직이는 물체를 보면 불안에 시달리거나 심리적 장애를 겪게 된다. 이처럼 인간의 뇌는 보는 것을 자동으로 정리하고 재구성한다. 인간이 색을 구분하는 능력을 발휘하는 것도 다 뇌가 동작, 색깔, 모양, 깊이 등으로 영역이 구분이 되어 있는 덕분이다.

필자가 독일 FPI에서 문학치료 과정을 밟는 동안 실습에서 사람의 얼굴만 그리는 친구를 만난 적이 있다. 그 친구 외에도 실습 중에 사람을 그리거나 부위 중에서도 얼굴만 그리는 사람들을 종종 볼 수 있다. 이것은 인간의 뇌가 얼굴에서 필요한 정보를 찾아내는 습성이 축적되어서라고 한다.[29] 사람들은 '울퉁불퉁한 산이나 달에서'도 얼굴을 찾아내려고 하는 것이다. 여기서 우리는 글쓰기치료에서 왜 그림을 그리거나 이미지를 찾는 작업이 의미를 가지는지 알 수 있다. 참여자들이 '지금 여기'에서 그려내는 창의적 성과물은 이들 내면이 소망하는 일종의 소원 충족이 될 수도 있고 아니면 단순히 이들이 일상에 본 것에 대한 꿈의 다른 형태일 수도 있다. 다만 여기서 매체를 통해 얻고자 하는 바는 참여자들이 다양한 감각을 사용함으로써 과거의 기억과 현재의 기억을 유기적으로 연결할 수 있다는 것이다.

그 밖에도 중요한 것은 참여자의 기억 속에 들어 있는 이미지나 문자 등을 그리는 전반적인 활동으로 이동하는 작업이다. 앞서 들은 소리나 목소리,

---

29 위의 〈과학다큐〉 참조.

예컨대 텍스트에서 남은 단어나 문장, 혹은 떠오르는 이미지나 장면 등을 참여자 자신의 '소리그림Stimmgemälde'으로 바꾸어 놓는 것이다. 이것을 문학치료에서는 '내 목소리의 초상화Porträit meiner Stimme'[30]라고 하기도 한다. 물론 이 과정에서는 대부분이 크레파스나 색연필 등과 같은 그림 도구들을 사용하지만 경우에 따라서는 자연물(돌, 풀, 꽃잎, 나무 등)을 사용하기도 한다. 뿐만 아니라 찰흙과 같은 것도 즐겨 사용되며 비언어적 활동에 속하는 대부분의 매체들이 여기에 속한다.

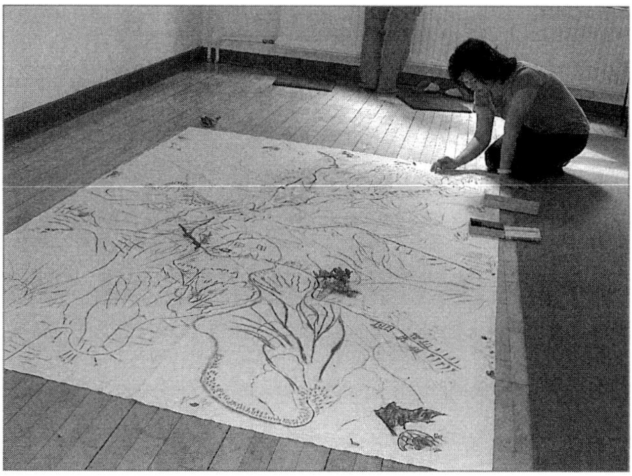

보훔 연극 및 자료 워크숍

이와 같이 이미지나 그림과 같은 매체가 글쓰기치료 과정에서 즐겨 사용되는 이유는 원리적으로 글쓰기치료 자체가 매우 정적이고 비언어적 특성을 띠고 있기 때문이다. 그림 그리기 작업은 특별한 도구를 요하는 것이 아니라 간편하게 어디서든 할 수 있다는 장점도 있다. 무엇보다도 참여자들이 이러

30 위의 개념들은 필자가 2004년도부터 받아 온 문학치료 과정의 내용을 나름대로 정리한 것이다.

한 활동을 통해 본격적인 자기 글쓰기로 들어갈 수 있도록 심리적 소산을 할 수 있다는 것도 커다란 장점이다. 여기서 말하는 심리적 소산은 신체적 소산의 효과를 동시에 얻을 수 있는 것으로서, 대부분의 참여자들은 – 특히 우리나라의 어른들은 – 어린 시절에나 그려 보던 그림을 통해 글쓰기를 위한 적당한 퇴행의 체험을 할 수 있다. 물론 이러한 매체의 사용은 치료사의 적절한 지시와 치료적 개입이 수반된 것이라는 것을 전제로 한다.

아울러 프로이트와 같은 임상학자는 "내가 있었던 곳, 그곳이 바로 자신이다Wo es war soll ich werden"라고 강조한다거나 "상처받은 내가 있는 곳에 창의적인 내가 있다Wo das beschädigte Ich war soll das kreative Selbst werden"라고 말하면서 인간의 창의력이 가진 치유력을 인간이 받은 상처와 동일시하기까지 한다. '상처 받은' 자아는 때로는 그림을 통해, 때로는 언어를 통해 창의적인 치유력을 부여한다. 이처럼 우리 인간은 심리 상태를 표현하기 위해 다양한 매체들을 사용한다. 경우에 따라서는 그림을 그리는 사람이 있는가 하면 몸으로 심리 상태를 표현하는 경우도 있다. 그림과 몸은 비언어적이라는 측면에서 보면 매우 유사한 표현 양식이라 할 수 있다. 이같이 비언어적인 표현 양식들은 우리가 생각하는 것 이상으로 오랜 역사를 가지고 있으며, 그것을 표현하는 대상 또한 아이 어른 할 것 없이 모두가 함께 공유할 수 있다는 공통점을 가지고 있다.

그렇다면 글쓰기치료에서의 그림 그리기가 어떤 부류의 사람들에게 효율적인가 하는 문제 또한 생각할 여지가 있다. 아이들의 경우 자기가 좋아하는 색을 골라 마음대로 선이나 동그라미를 그리듯 글을 쓸 때 나타나는 순간적인 느낌을 표현할 수 있는 방법이면 충분하다. 아울러 그림과 같은 매체들은 실제 치료 영역에서 적용하기가 용이하다. 글쓰기와 마찬가지로 별다른 매체가 없어도 다른 참여자들에게 접근하기가 쉽고, 사람들에게 자신의 창작물을 전달하고 공개하기도 용이하다. 뿐만 아니라 글쓰기치료 자체는 매우 정적인 치료 방법이자 기술이기 때문에 그림 그리기 활동은 문자를 통해 기술하지 못하는 참여자들이나 혹은 자신들이 생각하고 있는 것을 쉽게 언어로 형상화하기 힘든 경우에 크게 도움이 되는 방법이다. 경우에 따라서는 가벼운 텍스트를 듣고 즉흥적인 이미지를 바로 그림으로 표현하는 경우도 있다. 바로 글쓰기에 착수하기를 힘들어 하는 참여자에게는 종종 떠오르는 이미지들을 그림으로 그린 후 그 다음 언어로 표현하는 것이 훨씬 더 도움이 되는 경우가 있다.

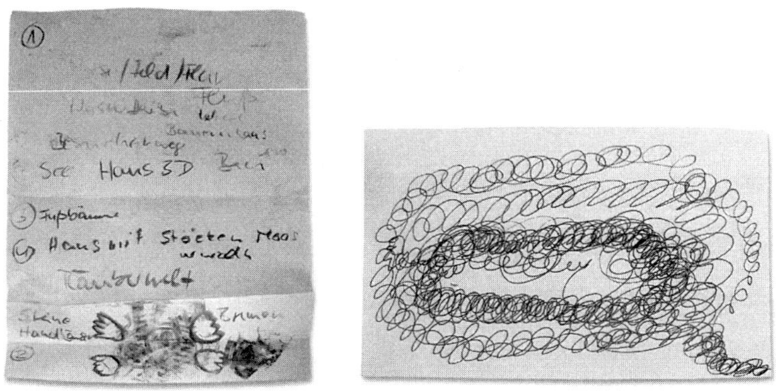

매체 간의 통섭 과정

chapter Ⅳ

글쓰기치료의 실제

글쓰기치료의 과정과 방법

|

치료로서의 글쓰기

|

글쓰기치료의 실제

|

글쓰기치료의 사례 : 문학과 영화 속의 글쓰기치료

|

글쓰기치료의 효능

|

글쓰기치료 활성화 기술

|

글쓰기치료에서 웜업의 목적

|

글쓰기치료의 치유적 글감과 글의 종류

chapterⅣ 01

글쓰기치료의 과정과 방법

글을 쓴다는 것은 호흡을 하는 것과 같다.
이 두 가지는 매일 조금씩 나아질 수 있다는 것이 공통점이다.(줄리아 카메론)

이 장에서는 글쓰기치료를 시작하는 초기 단계에서 구조화된 치료 단계의 전반을 다룬다. 무엇보다도 치료가 잘 이루어지기 위해서는 먼저 글쓰기치료의 목적을 명확히 설정해야 한다. 글쓰기치료의 치료적 기능, 즉 치료의 목적을 포함한 치료 계획을 구체화하는 것도 매우 중요하다. 여기에는 치료 대상자, 훈련된 문학치료사의 적절한 중재와 개입, 글쓰기 활동 등이 반드시 고려되어야만 한다. 그 외에도 글쓰기치료의 방법, 글쓰기치료의 구성 요소, 글의 종류, 글쓰기치료의 임상 과정 및 임상 회기 등을 구조화하여야 한다. 그 이후에 4단계 치료 과정, 즉 방어기제의 완화나 감정이입 단계, 글쓰기치료의 소재나 도입 단계에 대한 환기 단계를 포함한 실행 단계, 본격적인 글쓰기를 통한 자아발견과 상처와의 화해, 그리고 자아와 세계와의 관계를 재조정하는 방향 설정 및 통합 단계, 마지막으로 참여자 스스로가 자아 변화를 체험하는 새 방향 설정 단계 등을 거쳐 이루어진다.

이는 필자가 FPI 연구소에서 수련한 과정을 정리한 것으로, 치료의 장에서는 치료사에 따라 다소 변화가 있을 수 있다는 것을 미리 밝혀두는 바이다. 펄스 연구소에서 주로 사용되는 글쓰기치료 기술은 전반적인 예술치료의 이론과 게슈탈트치료의 이론을 혼용하여 수용한 통합적 표현예술치료라 할 수 있다. 필자가 FPI 연구소에서 배우고 익힌 글쓰기치료는 우리가 통합적 문학치료라 칭하는 것과 동일한 개념으로, 방법론적으로는 모든 문학적 매체를 중심으로 이루어지는 것이 특징이다. 물론 여기서 매체 간의 넘나들기, 즉 매체 간의 상호 호환성Intermediale Quergänge은 치료 기술을 다루는 기본 원리가 된다. 예를 들어 동작이나 몸의 재현이 어떤 특정한 이미지가 되고, 그 이미지가 소리로 혹은 언어로 형상화되면서 치유적 과정을 거치게 되는 것이다.

글쓰기치료를 할 때는 먼저 참여자가 어떠한 증상이나 문제를 가지고 시작하는지를 철저히 분석하고 어떠한 과정이 필요한지를 결정하는 것이 중요하다. 예를 들어 평소 정신분열증이 의심되고 일상생활조차도 하기 힘들다고 호소하는 참여자들에게는 분열된 자신을 통제하는 능력을 키우기 위해 기억을 모으고 다듬는 과정이 요구된다. 이러한 과정을 통해 참여자들은 분리된 자기 스스로를 통합하는 능력을 증진해 나간다.

글쓰기 과정에서 참여자들은 문학에서 어떤 기억이 과장되어 표현되거나 혹은 축소되듯이 이들 또한 기억을 조정하려 하거나 과장하는 것을 쉽게 찾아볼 수 있다. 이때 참여자들이 만들어 내는 문학적 기억은 기억 조정의 의미를 찾아낼 수 있기 때문에 매우 중요한 역할을 한다. 왜냐하면 참여자들의 과거의 기억이 모든 것을 상처투성이로 보게 하기 때문이다. 경우에 따라서는 기억병과 같은 아픈 상처의 기억들이 글로 표현되는 텍스트를 목도하기도 한다. 따라서 글쓰기치료의 과정에서 치료사가 만나게 되는 텍스트들은 참여자들의 심리적 문제를 은유적으로 그려내는 일종의 가교 역할을 할 수 있다. 이때 치료사는 텍스트의 내용보다는 참여자가 텍스트 속에 부여하는 은유적 가치와 의미를 아는 것이 더 중요하다. 이처럼 의도적으로 왜곡된 기억이 글쓰기치료 과정에서 중요하게 다루어진다. 또한 글쓰기치료의 과정에서 참여자들은 글을 쓰는 동안 자기 자신에 대한 깊은 정서적 체험을 할 수 있을 뿐만 아니라 나 자신을 깊이 들여다볼 수 있는 기회를 갖게 되며, 그 세계를 표현할 수 있는 여유도 갖게 된다. 다시 말해 글쓰기치료의 과정에서 이들은 스스로 자아와 자신의 문제를 이해하고 문제 해결을 위한 통찰을 가질 수 있다.

그 외에도 Lerner(1987)는 임상적 관점에서 치료사가 주목해야 하는 것은 참여자들의 글 자체가 아니라 글을 쓴 참여자 자신이라고 강조하고 있다. 따라서 참여자에게는 자신이 만들어 낸 텍스트의 객관적이고 참된 의미보다는 자신이 느끼는 주관적인 의미를 찾아내고 거기에 새로운 의미를 부여하는 것이 중요하다. 이러한 과정에서 새로운 의미와 더불어 새로운 이미지가 생성되고 과거에 부정적이던 자신의 기억들에 대한 새로운 그림을 떠올리게 되는 것이다. 이런 맥락에서 글쓰기치료의 과정은 문학이 가진 해소 내지는 배설로서의 소산 기능과 잠재적인 능력을 일깨우는 창의성이 동시에 유발되는 과정이라 할 수 있다. 글쓰기치료의 과정에서 참여자들은 자신이 쓴 글을 다각적인 각도에서 바라볼 수 있을 뿐만 아니라 스스로 창의적인 작가의 입장에 서서 매우 복합적인 감정들을 체험하고 수용하는 능력을 얻을 수 있다. 표현된 단어와 언어들은 참여자들이 감각을 통해 느낄 수 있는 감정의 단서를 제공한다. 그 단서들은 참여자들의 유년의 억압을 해소하고 소산할 수 있는 내면의 정서를 보여준다.

이처럼 글쓰기치료의 과정과 방법이 치료사에 따라 각기 다르게 수행되더라도, 근본적으로 글쓰기 정서를 토대로 참여자들의 창의성과 자발성을 일깨운다는 측면에서는 대동소이하다 하겠다.

아울러 참여자들은 자신의 정서적 단계를 거쳐 형식에 구애 받지 않고 글을 쓰고 쓴 글을 읽고 피드백하는 과정을 거친다. 이때 글을 읽고 난 후의 느낌을 이야기하거나 내면적 고백을 하는 것이 심리적 부담감을 유발할 수 있기 때문에 매우 조심스럽게 접근해야 한다. 여기서 참여자들이 풀어내는 과정은 글쓰기치료 과정 속의 주인공으로서 또는 현재 글을 쓰고 있는 자신의 이야기 자체이며 바로 능동적인 해소 단계의 일환이라 할 수 있다. 이것이 상담에서는 참여자와 치료사 간의 가벼운 담소 단계가 되겠다.

그 다음은 본격적인 치료 단계로서 이 단계에서는 처음 글을 쓰기 이전의 자신의 느낌이나 글을 쓰고 난 후 그룹 간의 피드백을 서로 나누는 과정이 수행된다. 뿐만 아니라 참여자들이 수행한 피드백이 글쓰기치료 과정에서 어떻게 변화되었는지도 구체적으로 기술하게 한다. 글을 쓰는 행위는 참여자의 상처를 현실 속으로 다시 불러오는 것이나 다름없다. 그렇기 때문에 참여자가 쉽게 자신의 상처를 불러내어 글로 옮기는 과정에는 생각보다 긴 시간과 여유가 필요하다. 경우에 따라서는 그 과정 자체에 몰입을 하지 못하는 수도 있다. 이것은 참여자의 자기방어나 상처에 대한 저항이 크면 클수록 힘들다. 따라서 치료 단계에 들어오기 전에 참여자들이 스스로 자신의 문제들을 직시하고 인지하는 과정이 중요하다. 치료사는 언어적 명명을 강요하거나 되물어서는 안되며 가능한 한 스스로 통찰하고 규정하도록 유도하는 것이 좋다. 이러한 자기통찰을 얻기까지 오랜 시간이 요구되는 참여자들도 있다. 이런 경우는 여유를 가지고 기다리는 것이 가장 좋은 방법이다.

프로이트나 라캉으로 이어지는 분석치료와 후기 구조주의 언어학에서는 글쓰기치료의 과정을 참여자들이 참여하는 일종의 언어유희 혹은 언어를 통한 놀이로 간주하였다. 왜냐하면 이들 이론가들은 언어유희 자체가 가져다주는 해소나 소산이 참여자들의 치료 과정을 훨씬 더 효과적으로 이끌어 갈 뿐만 아니라 그 자체를 치료의 과정이자 치료 그 자체로 보았기 때문이다.

이처럼 참여자들은 자유로운 글쓰기치료 과정을 통해 스스로 만들어 낸 텍스트 자체가 그들이 살아온 삶의 텍스트라는 것을 알게 될 뿐만 아니라 자신들의 삶과도 편안한 거리 두기를 하게 된다. 심지어는 시간이 지나면 그것이 누구에게나 일어날 수 있는 일이었음을 깨닫게 된다. 글쓰기치료과정에서의 이러한 통찰Identification은 반드시 참여자 스스로가 쓴 텍스트와 텍스트를 피드백하는 참여자들 사이에서 일어나는 것이 원칙이다. 이러한 치료 과정에서 참여자는 힘든 삶으로 인한 긴장이 풀리면서 점차 생각이 바뀌고, 모든 것을 긍정적으로 바라볼 수 있는 힘을 갖게 된다Katharsis. 이처럼 글쓰기치료의 과정과 방법은 참여자들이 자연스럽게 유년의 기억이나 무의식 속에 각인된 억압을 다양한 글쓰기 기술을 통해 불러낼 수Evocation 있다. 이런 맥락에서 참여자들이 쓰는 문학 텍스트는 자신들의 심리적 갈등, 즉 콤플렉스에 의해 만들어지는 것으로 볼 수 있다. 이러한 갈등을 글쓰기를 통해 해소하는 과정이 바로 글쓰기치료의 기술이다.

또한 글쓰기치료의 과정과 방법이 어원론적으로 인간이 풀어내는 표현예술을 통해 '돌보다, 치료하다'라는 뜻인 그리스어, 'therapeia'에서 지속적으로 수용과 발전을 거듭되어 온 것을 알 수 있다. 예를 들어 글쓰기치료 과정에서 스스로 정서적 이해를 체험하는 과정은 참여자의 심리적 과정을 이해하는 데 중요한 단서가 된다. 무엇보다도 글쓰기치료의 과정과 방법에서 중요한 것은 글을 통해 자신을 마음껏 표현할 시간적, 심리적 여유를 갖는 것이다.

최근 소설에 이어 많은 사람들의 주목을 받은 영화 『책 읽어 주는 남자』를 살펴보자. 여기서 주인공 미하엘은 소설의 마지막 장에서 "아마 나는 우리의 이야기에서 벗어나려고 이 소설을 썼는지도 모른다"라고 밝히고 있다. 이처럼 글을 쓰는 대부분의 사람들은 시의 마지막 행이나 소설의 종결부에서 글을 마무리하는 심경을 구체적으로 밝히게 마련이다. 이것은 글쓰기치료의 과정에서 매우 중요한 대목으로 글을 쓰는 사람들의 대부분이 초기 단계의 정서적 글쓰기 과정을 거치면서 자기강화의 길을 스스로 찾아가게 되며, 결국 이러한 과정은 '나의 언어'로 스스로를 정리하고 마무리하는 것으로

귀결된다. 글쓰기치료의 효과는 경우에 따라 천차만별이겠지만 대부분의 경우 시간이 어느 정도 지나야 나타난다는 것이 그 특징이다. 따라서 글쓰기치료는 매우 장기적인 단계에 걸쳐 이루어져야 하며 시간과 여유를 두고 치료에 들어가야 하는 것이 특징이다.

따라서 글쓰기를 시작할 수 있는 글쓰기 정서를 갖는 것이 매우 중요하다. 글쓰기치료는 마치 꾸준히 운동을 했을 때 체중 감소가 나타나거나 폐활량이 눈에 띄게 좋아지는 것과 유사하다. 절대 서두르거나 글쓰기를 강요해서는 안 되는 것이 철칙이다. 뿐만 아니라 당뇨나 고혈압이 있을 때 평생 동안 약을 복용하는 것처럼 글쓰기치료를 할 때에도 글을 쓰는 습관을 지속적으로 유지하는 것이 무엇보다 효과를 배가할 수 있는 방법이다. 아울러 글쓰기치료는 심신의 병이 발병했을 경우보다는 정신건강을 유지하기 위한 예방에 초점을 두는 것이 원칙이다. 심신의 병이 이미 가시화되었을 때는 상당히 오랜 기간이 소요되는 경우가 많다. 따라서 글쓰기치료는 상시 수행하는 것이 좋으며 저널치료에서 흔히 사용하는 일기 쓰기와 자기 관찰 기록 등이 그 첫걸음이라 할 수 있다.

chapterⅣ 02

치료로서의 글쓰기

인간이면 누구나 ─ 크고 작은 차이는 있겠지만 ─ 늘 상처를 안고 산다. 예전에는 대부분의 사람들이 인간이 가진 상처란 살아가면서 누구나 가질 수 있는 애물단지 하나쯤으로 생각하고 살아 왔다. 물론 아직도 이렇게 생각하고 사는 사람들이 없는 것은 아니다. 다만 21세기를 사는 사람이면 누구나 마음의 상처를 떠안고 살아가는 것이 아니라 암 덩어리나 몸속의 염증처럼 수술을 통해 아픈 곳을 깨끗하게 도려내야 한다는 것을 알고 있다. 물론 전쟁이나 예기치 못한 사고로 트라우마를 가진 사람들에게는 치료 과정을 통해 상처를 완화시킬 수는 있어도 사고 당시 접했던 장면, 소리, 냄새, 느낌, 맛, 언어 등을 전적으로 긍정적인 에너지로 대치할 수는 없다. 또한 이들의 심리적 불안은 어느 상황에서든 언제든지 재발이 가능하다. 아프가니스탄에 파병되었던 어느 독일 군인은 트라우마 치료를 받는 과정에서 버터 냄새를 맡아도 마치 그것이 총알 냄새로 느껴져 일상생활이 너무 힘들다고 말했다. 또한 이들 파병군인들의 일부는 알 수 없는 죄책감에 시달려 잠을 못 이룬다고 한다. 이들에게 평생을 동반할 치료사가 필요하다는 것은 말할 필요가 없다. 그러나 그들은 적어도 치료 전에 종종 경험하였던 심각한 불안장애나 공황 상태를 치료 후에는 덜 경험할 수 있다.

우리는 마음의 상처가 시작된 시점과 그 원인을 거슬러 올라가 응급실의 수술대에 선 것처럼 과학적인 근거를 찾아 나가는 작업을 해야 한다. 다시 말해 치료적 글쓰기는 참여자들이 가진 마음의 상처를 언어라는 분출구를 통해 마구 퍼 올릴 수 있어야 한다. 그렇다면 과연 그것이 가능한 일인가? 마음의 준비가 되어 있고 치료사의 적절한 처치를 따르기만 한다면 충분히 가능하다. 프로이트가 말하는 것처럼 인간은 우리가 알지 못하는 무의식조차도 이미 알고 있다. 다만 인정할 수가 없을 뿐이다. 상처를 만드는 것이 무엇인지, 왜 그것이 우리에게 상처가 되는지를 다만 언어로 가시화할 수가 없는 것이다. 그래서 우리는 치료적 글쓰기를 한다. 이 작업에서는 우리의 상처를 직접적으로 퍼 오지 않아도 된다. 다만 그림이 주어지는 대로, 이미지가 그려지는 대로 써 나가면 된다. 상처의 방어를 위해 흔히 참여자들이 자신도 모르게 꾸며 쓰는 작화를 하지 않아도 된다.

글쓰기가 치유력을 발휘하는 데는 일정한 시간이 필요하다. 물론 글쓰기 치료에 임하는 참여자들에 따라 다소 차이가 있지만, 대부분의 경우 우선 이들이 겪은 고통과 상처가 어느 정도 없어지거나 사라져야 글쓰기가 가능하다. 이것은 참여자들이 어느 정도의 시간이 지나야 자신들의 경험과 느낌을 제대로 판단할 수 있기 때문이다. 이처럼 치유로서의 글쓰기에서는 스스로와의 적당한 거리 두기와 자기반성이 전제되어야 가능하다. 이런 과정을 통해 참여자들은 스스로를 깨우칠 수 있을 뿐만 아니라 자율성과 독립적 자아를 키울 수 있고, 이를 통해 스스로를 조절하는 방법을 알게 된다. 이를 위해서는 자신과의 적당한 거리 유지, 자신의 상처나 경험과의 적당한 시간적, 마음적 거리가 필요하다.

통합적 문학치료에서는 글, 그림, 동작, 음악 등을 마음을 치유하는 데 통합적으로 사용하지만 글쓰기치료에서는 전적으로 글쓰기 활동이 요구된다. 치유로서의 글쓰기는 글을 평가하고 해석하는 작업이 아니다. 또한 문학 작품을 쓰는 시간도 아니다. 중요한 것은 참여자들이 쓴 텍스트(그림, 글)가 스스로에게 무슨 말을 하느냐이다. 이것을 우리는 융의 개념을 따 개성화 과정 또는 개인화 과정Individualization이라 부른다. 이러한 개성화 과정을 통해 퇴행이나 억압의 과정 등으로 돌아갈 수 있는 계기를 마련한다. 이처럼 치료로서의 글쓰기는 참여자들이 심리적인 방어기제, 즉 퇴행이나 억압의 구조를 가진 경우에 이러한 과정을 글쓰기라는 기술을 통해 다시 경험하게 하고 스스로를 위한 새로운 기억을 구성하게 하는 과정을 담당한다.

이와 같이 치료로서의 글쓰기는 전문적인 글쓰기치료사의 도움을 전제로 한다. 치료사는 문제성이 있는 텍스트와 문제성이 없는 텍스트를 구별할 줄 아는 판별력이 있어야 한다. 문학적 글쓰기란 문학적 사고와 문학적 표현을 가진 것을 말한다. 사물을 보는 눈이 관찰적이고 사유적이어야 하기 때문에 감정이 아닌 정서를 필요로 한다. 가령 내 마음이 슬프고 고통스럽고 절망스러울 때 오히려 차가운 역설적 정서가 떠오르는 것 자체가 이미 새로운 시적 정서 내지는 문학적 정서라 할 수 있다. 조지훈의 시 가운데 "절망이란 오히려/나리는 눈처럼 포근하고나"라는 구절을 보면 너무 어이없는 일을 당했을 때 오히려 쓴웃음이 나오는 것과 같은 상황이 표현되어 있다. 내면을 언어로 나타내기 위해 깊은 글쓰기 정서가 필요하듯이, 글을 쓰기 위해서는 그 원리를 제대로 알아야 한다. 왜냐하면 글을 쓴다는 것은 글을 쓰는 사람의 내면의 정서와 관련이 있기 때문이다.

이처럼 정신과 의사가 환자의 증상을 진단하고 적절한 약물 처방을 내리는 것처럼 문학치료사나 글쓰기치료사는 참여자가 표현한 텍스트를 읽고 그 사람의 심중을 정확히 파악할 수 있어야 한다. 여기에는 수많은 텍스트들을 읽고 체험하면서 텍스트에서 참여자의 마음을 읽어내는 훈련이 필요하다.

말은 정본이 없어 늘 다르게 만들어질 수 있지만, 쓰여진 글은 말에 비해 검증을 할 수 있는 근거를 마련해 주기 때문에 증상을 찾을 수 있는 실마리는 늘 나타나 있다. 이처럼 글을 쓰는 참여자의 정서는 이미 고차원적 행동, 즉 사유의 상태에 있기 때문에 자신의 내면을 드러낼 수 있다고 본다. 또한 참여자들이 역설적 정서를 갖는 것이 중요한데, 슬픔이나 절망도 사물의 이미지로 새롭게 변화시킬 수 있어야 한다. 참여자들은 글쓰기를 통해 절망을 희망으로 바꿀 수 있어야 한다. 그러기 위해서는 참여자들이 그런 심리를 시적 글쓰기로 적절히 표현하는 것이 필요하다. 그러나 어떠한 경우에도 평가와 해석은 금물이다.

글쓰기치료에서는 지금 현재의 상황에서 벗어나 진정한 글쓰기정서로 들어가기 위해 일차적으로 자기 자신으로의 몰입 단계가 요구된다. 물론 이러한 몰입의 단계가 순조롭게 '창의적인 자아' 의 세계로 이어지기 위해서는 글감의 대상이자 글을 쓰는 주체인 참여자 스스로가 자기 자신의 감정이나 느낌에 진솔한 태도를 보여야 한다. 이러한 과정이 단순한 언어의 미화나 형식으로 치우치게 된다면 치유로서의 글쓰기는 애초부터 일어나지 않는다. 결국 여기서 중요한 것은 자신과의 힘든 대화를 통해 진심어린 소통을 이루어낼 수 있어야 한다. 따라서 글쓰기치료에서는 장시간의 기다림이 전제되는 경우를 종종 볼 수 있다. 글쓰기치료의 치료 과정에서는 정신분석학이, 실제로 글을 쓰는 시점에서는 게슈탈트 이론이 적합하다. 왜냐하면 글을 쓰는 단계에서는 참여자의 현재가 중요하기 때문이다. 물론 이것도 정신분석학 이론에서 출발하고 있다. 참여자는 몰입이나 망각의 상태에서 자신도 모르는, 또는 의식하지 못하는 기억이나 희미한 상처, 문제의 흔적들과 상호의식적인 관계에 들어갈 수 있다.

따라서 글쓰기치료의 효과는 글을 쓰는 참여자를 비롯해 어느 누구도 예상할 수 없다. 그것은 치료를 맡은 치료사의 입장에서도 마찬가지이다. 글이 가진 힘이란 글 자체도 알 수 없는 치유적 에너지가 있기 때문이다. 이러한 과정은 무엇보다도 몰입, 즉 집중과 망각 등에서 시작된다고 할 수 있다.

글쓰기치료에서 쓰기 이전 단계에 중요한 것은 거리 두기이다. 여기에서 '거리'는 다름 아닌 글을 쓰는 참여자가 가진 기억과 현재 그가 가진 감정 사이의 거리를 말한다. 사실 이러한 거리 두기가 잘 유지될 수 없는 단계에서는 글을 제대로 쓸 수조차 없다. 글은 감정으로 쓰는 것이 아니라 정서로 쓰는 것이기 때문이다. 가령 감정이 격한 참여자에게는 글쓰기치료가 아니라 이야기치료나 드라마치료가 적절하다. 몸 표현이나 신체적 표현에 가까운 에너지를 가지고 있기 때문이다. 이처럼 문학이 글의 흐름이나 맥락을 중심으로 전개된다면 글쓰기치료에서는 무엇보다도 참여자의 마음과 참여자가 서술한 글의 정서가 중요하다 하겠다. 진정한 치료의 능력은 곧 그 글을 쓴 참여자 자신에게서 나온다. 그것은 글을 쓰는 마음과 글을 쓰기 위한 준비 과정에서 이미 이루어지기 시작한다. 그래서 시인이나 작가라는 직업을 가진 사람들의 수명은 대부분 길다. 가령 괴테, 셰익스피어, 서정주 등 시인들은 다른 사람들에 비해 수명이 길었다. 바로 이 점이 글을 쓰는 시인이나 작가 스스로가 글을 씀으로써 장수 비결의 방법을 선취하였다는 것을 방증한다. 스스로 글쓰기, 즉 자발성과 창의력을 통해 자기 치유력과 해소의 길을 동시에 모색할 수 있었던 것이다.

글쓰기치료의 실제

사례와 치료 과정[31]

4단계 치료 과정	
1단계 : 도입 단계	과제 제시 및 웜업
2단계 : 실행 단계	과제 해결 및 수행
3단계 : 방향 설정 및 통합 단계	격려 및 지지
4단계 : 새 방향 설정 단계	삶의 전환 및 변화 시도

사례_1

도입 단계

■ 목적

정신 집중

31 이것은 필자가 그동안 FPI에서 배우고 익힌 것을 나름대로 정리한 것으로, 기존에 문학치료의 이론과 기술로 알려진 내용과 거의 동일한 것임을 미리 밝혀두는 바이다. 물론 동일한 이론과 기술이라도 치료사의 입장과 수용의 관점에 따라 다소 차이가 있을 수 있다.

외부와의 차단

호흡 고르기

'지금 여기' 현재의 나 느끼기

공간 감지하기

그룹과의 신뢰 형성하기

그룹과 시선 나누기

다른 참여자들의 상상과 이야기에 호기심 갖기

나는 이 글쓰기치료의 장에서 무엇을 원하는가?

나의 기대와 두려움 표현하기

■ **기술**

가벼운 명상

자기소개 및 느낌 전하기

편안한 호흡 찾기

걷기 웜업

간단한 거울 모션 반복

■ **매체**

동작치료에 사용되는 음악

몸

— 실행 단계

■ **목적**

가벼운 글쓰기 작업

지금 나의 심정 기술하기

나를 동반하는 시 한 편 혹은 내가 좋아하는 시 한 구절
지금 이 순간 나는 어떤 시처럼 느껴지는가?
시 낭독 후 과제 제시

■ **기술**

글쓰기 형식(시, 산문, 일기, 동화, 드라마 등)
그룹으로 혹은 두 사람씩 작업한 내용 교환하기
시는 천천히 한 번, 보통으로 한 번, 총 두 번 낭독할 것
20분 동안 시를 듣고 난 느낌을 그림으로 옮기기
내면의 그림을 표현하기
직감적으로 그리기
그림에 의미 부여하기
그림에 제목 붙여 보기

■ **매체**

시 텍스트
그림

— 방향 설정 단계

■ **목적**

각자 편안한 곳, 자기만의 섬 찾아가기
그림이나 글쓰기
참여자가 쓴 글에 대한 피드백 나누기
자기 정리 및 자기 성찰
다른 참여자들의 피드백에 대한 각자의 느낌 교환하기

■ 기술

전체 그룹 피드백 교환

참여자 한 사람씩 의견 및 느낌 전달하기

그룹 내의 상호 역동

그룹의 결속력 다지기 및 소속감 느끼기

치료의 회기 및 시간, 일정, 과제 등을 구체적으로 제시

질문과 응답 시간 갖기

열려 있는 분위기와 신뢰 다지기

조용히 다른 참여자들이 그린 그림 감상하기

그린 그림의 주제 찾기

— 새 방향 설정 단계

■ 목적

두 사람씩 그룹으로 그림에 관한 느낌 교환하기(의미 해석은 금물)

눈에 띄는 것에 이름 붙이기

그림에서 궁금한 점 질문하기

참여자 모두가 자기의 느낌을 확고히 하기

자기 체험 강화 및 정체성 강화

■ 기술

상대방이나 나 자신의 그림에 대한 반향을 한 편의 시나 하나의 시행으로 쓰기

그룹이나 나 자신을 위한 선물로 각자 쓴 텍스트 낭독

자기 정리

정리 단계로 시 텍스트 반복 낭독

■ **매체**

각자 쓴 시 텍스트

기존의 시 텍스트

사례_2

도입 단계

■ **목적**

몸 풀기 및 몸동작하기

–자기 자신에게 집중하기

–스스로에게 각자 듣고 싶은 말 한 마디씩 속삭여 주기

–나 스스로를 느끼기

–그룹을 느끼기

■ **기술**

5분간의 자유 연상 글쓰기

–궁금한 점 질문하기(그룹의 역동을 이끌어 낼 수 있음)

–생각난 주제를 시로 써 보기

–이론과 실제를 연결 짓기

–실습을 통해 치료 기술 익히기

■ **매체**

몸, 글쓰기, 연상 기법

실행 단계

■ **목적**

각자 쓴 텍스트를 낭독하고 피드백 나누기

낭독 과정에서의 자의식 강화

피드백을 통한 그룹 역동성 체험

■ **기술**

낭독과 피드백의 치유력

그룹 역동성 확장하기

■ **매체**

텍스트

— 방향 설정 단계

■ **목적**

강화된 자의식 확인

다른 참여자로부터 활력 수용하기

왜곡된 자의식 인지

■ **기술**

피드백과 셰어링

— 새 방향 설정 단계

■ **목적**

새로운 나의 모습과 삶의 틀 만들어 가기

언어의 형상화를 통해 거듭나기

관점과 시각의 통찰 및 전환

■ **기술**

각자 쓴 텍스트가 자기 삶과 일상에 어떤 연관이 있나 묻기(어떤 메시지, 어떤 의문과 주제?)

텍스트를 읽으면서 무엇을 찾았는가 묻기

긍정적인 공감 및 활력 강화하기

■ **매체**

언어

사례_3

도입 단계

■ **목적**

글쓰기 준비

—글을 쓰고 싶은 분위기 조성하기

—자기만의 조용한 공간 찾기

—글쓰기에 몰입하여 집중하기

■ **기술**

글을 쓰기 전 가벼운 텍스트 낭독하기

—참여자들의 공감을 불러일으키는 텍스트 선정

■ 매체

자유 연상 기법, 텍스트

— 실행 단계

■ **목적**

텍스트를 듣고 난 후 떠오르는 이미지를 글로 옮기기(약 15분 동안)

5행시나 3행시 짓기

소그룹으로 텍스트 낭독 및 해명하기

낭독하면서 받은 공감을 다시 3행시로 옮겨 보기(자신에게 보내는 선물)

■ **기술**

한정된 글쓰기 시간

－심층적인 자기 몰입이 가능

－글쓰기 욕구의 강화

■ **매체**

텍스트

— 방향 설정 단계

■ **목적**

각자 쓴 텍스트를 낭독하고 피드백 나누기

낭독 과정에서의 자의식 강화

피드백을 통한 그룹 역동성 체험

■ **기술**

그룹 내에서의 전체 피드백 및 셰어링

텍스트 낭독

낭독은 내 삶의 무대이자 자아 강화 기술

새 방향 설정 단계

■ **목적**

자기 통찰 및 변화

■ **기술**

긍정적인 공감 및 활력 강화하기

생각할 시간과 공간 주기(새로운 텍스트는 늘 새로운 공간을 필요로 한다!)

청중으로서의 역할과 낭독하는 작가로서의 역할 강조하기

최종 느낌 나누기

■ **매체**

언어

사례_4

도입 단계

■ **목적**

참여자의 '지금 – 이 순간' 감각화 작업

몸동작 및 가벼운 몸 풀기

■ **기술**

공간을 천천히, 빠르게 그리고 각자 템포로 걷기

–각자 자기만의 템포 찾기

–다양한 걸음걸이로 표현하기

–그룹 내에서 각자 표현한 동작 서로 따라 하기

■ **매체**

자유로운 몸동작, 음악

— 실행 단계

■ **목적**

몸동작 후 편안한 마음으로 자기 공간 찾기

■ **기술**

정해진 시간 내에 3행시 짓기

—즉흥적 글쓰기 유도

—즉흥적 시어 창작

■ **매체**

텍스트

— 방향 설정 단계

■ **목적**

각자 쓴 텍스트에 대한 이미지 그리기(20분간)

두 사람씩 텍스트와 그림에 대한 상호 느낌 나누기

■ **기술**

그림과 피드백

— 새 방향 설정 단계

■ **목적**

즉흥적으로 떠오르는 단어 하나나 문장 말하기

언어는 곧 자기 변화의 상징

■ **기술**

자기만을 위한 언어 찾기

나에게 내가 쓴 시 텍스트 선물하기

전체 진행에 대한 느낌 나누기

■ **매체**

언어

치료 과정에서 치료사가 할 일

— 도입 단계

–치료 과정의 명료화 및 구조화

–참여자들의 현 상황 점검

–감각의 활성화

–편안한 분위기 조성

–필요한 도구나 문헌 제시 및 소개(서적, 음악, 동작, 그림, 치료사, 공간, 치료 도구 등)

— 실행 단계

–참여자의 활동 및 감정 점검

–매체의 적절한 사용

–참여자의 자발성 및 창의성 독려

— 방향 설정 단계

—평가와 판단, 칭찬은 금물

—지지와 독려의 활력 전하기

—그룹 역동 관찰하기

—금지된 것과 억압된 것의 재경험

— 새 방향 설정 단계

—경우에 따라 직면하기

—참여자 스스로 통찰하기 유도

—참여자 모두에게 공평한 기회 제공

—긍정적인 언어 공감

글쓰기치료의 사례 : 문학과 영화 속의 글쓰기치료

이미 고대에서부터 현대에 이르기까지 글쓰기치료의 사례는 셀 수 없이 많다. 특히 이러한 사례들이 가진 글쓰기 방식은 일기 형식으로 시작되어 자기 분석이나 자기 관찰을 담은 기록 형식으로 즐겨 사용되어 왔다. 이러한 글쓰기 형식들은 실제로 고백, 성찰, 반성, 회고, 유년 시절 회상록 등과 같은 철학 서적으로 출간되거나 세상에 알려졌으며, 이것이 또한 근대로 들어오면서 문학과 영화 속에서도 종종 찾아볼 수 있는 형식으로 발전되어 왔다. 예컨대 일기 형식이나 고백록이 일종의 서신 문학이나 편지글 형식으로 이어지는 것을 볼 수 있다. 이런 맥락에서 보면 거의 대부분의 시인들이나 작가들은 글쓰기를 통해 자가 치유력을 얻은 경우라 할 수 있다. 예컨대 괴테처럼 작중 인물을 통해 스스로의 환상을 보상 받음으로써 삶의 활력을 얻는 것을 볼 수 있는가 하면, 카프카처럼 오히려 대안 없는 미궁 속으로 빠져 들어가는 글쓰기 사례들도 쉽게 찾아볼 수 있다. 심지어 나치 시대, 홀로코스트로 인해 죽음의 사선을 오가는 와중에 글을 쓴 사람들은 또 얼마나 많은가? 유서나 유언 형식의 글쓰기치료 사례들도 종종 나타난다. 예를 들어 모차르트가 잠자리에 들기 전 매일 밤 유언장을 만들었다는 일화는 아직도 전설처럼 전해지고 있다.

하지만 실제 치료의 장에서는 물론 문학이나 영화 속에서도 이러한 사례들이 늘 좋은 결말을 보이는 것이 아니다. 대부분은 순기능을 하기지만 간혹 날카로운 자아분석이나 자기 성찰이 참여자를 좋지 않은 상태로 이끄는 역기능의 사례들도 볼 수 있다. 특히 평소 우울(증)이 심하거나 불안장애를 가진 참여자의 경우는 신중한 관찰과 처치 하에 글쓰기치료를 수행하는 것이 필수적이다. 이들은 일반적으로 삶을 마감하기 전 간단한 메모 형식의 유서를 남긴다.

여기서는 실제 임상의 사례들이 아닌 문학과 영화 속의 사례들을 살펴보고, 그것이 우리의 현실과 어떠한 관련이 있는지 작중의 인물들을 중심으로 분석하고자 한다. 이 장에서 소개되는 사례들은 주로 정신병리 및 정신건강의 문제를 심층적으로 다룬 독일 문화 영역에서 찾아보았다. 무엇보다도 독일 문화에서 흔히 찾아볼 수 있는 정신병리는 글쓰기치료의 전형적인 사례들일 뿐만 아니라 인간의 심리를 가감 없이 파헤치는 특성을 보여주고 있기 때문에 우리에게 시사하는 바가 크다. 우리에게 『나누어진 하늘』로 잘 알려진 구동독의 여류작가 크리스타 볼프Christa Wolf는 80세 생일을 맞는 자리에서 글쓰기와 관련된 의미심장한 인터뷰를 남겼다. 그녀는 이 인터뷰에서 독일이 통일되기 전이든 통일이 된 후든 어떠한 이데올로기에도 적응하려 하지 않았으며, 작가 본인에게 가장 중요했던 것은 역시 "글을 쓰는 그 자체"였다고 밝혔다. 글을 쓴다는 것이 그녀에게는 삶 그 자체였다는 것이다. 또한 그녀는 글을 쓴다는 것은 적응하는 것이 아니라는 것도 덧붙였다.

이처럼 글을 쓴다는 것은 작가에게든 심리치료를 받는 사람에게든, 현재를 정리하고 미래를 준비하는 예방적 차원의 기능을 한다. 글을 쓴다는 것은 삶을 사는 것이며 동시에 삶을 예약하는 행위이다. 표현예술치료나 심리치료 영역이 독일을 중심으로 발전된 데는 이러한 문화적인 배경이 크게 기여하였을 것으로 본다. 이런 문화적 토양 때문인지 독일에는 주변 곳곳에 정신치료와 관련된 센터나 치료 시설이 셀 수 없이 많다. 이런 관점에서 보면 문학치료든 글쓰기치료든 문학적 기술과 관련된 것은 인지행동치료적 특성을 다분히 가지고 있다. 왜냐하면 인지 과정 없이 변화의 과정이나 행동의 교정이 일어날 수는 없기 때문이다. 이것은 언어라는 매체 자체가 뇌의 인지 시스템을 통해 기능을 발휘하기 때문이기도 하다. 따라서 글을 쓸 때에는 글을 쓸 수 있는 분위기와 공간, 그리고 적절한 몰입과 집중력이 요구되는 것이다.

몸의 기억과 글쓰기치료

/

사례 1_영화『니벨룽엔의 반지』의 브룬힐

프로이트는 글, 즉 문학 작품이란 심리적 갈등, 즉 콤플렉스에 의해 만들어지며 이러한 갈등이 없으면 문학 작품이 아니라고 보았다. 그러므로 문학/이야기는 고통과 좌절을 안고 있는 인간의 문제라 할 수 있다. 그 이야기는 우리의 경험과 체험을 이미지로 만들어낸다. 이미지로 만들어지지 않은 경험은 오래 지속되지 않기 때문이다. 이러한 관점 또한 글쓰기치료가 일반 독자층이나 (인)문학 및 정신분석학 영역과 접목될 수 있는 점이라 하겠다.

이러한 심리적 갈등을 매우 잘 보여주는 게르만의 신화 〈니벨룽엔의 반지〉에서 주인공 지그프리트는 공주가 주는 사랑의 묘약을 마시고 자신의 첫사랑 브룬힐을 까마득히 잊어버리고 만다. 이러한 망각의 마법을 모르고 있던 브룬힐에게는 청천벽력 같은 상황이다. 어찌 그토록 깊은 사랑을 잊을 수 있는가? 결국 공주의 묘약에 대해 알게 된 브룬힐은 복수를 결심하고, 지그프리트에게 "우리의 사랑을 기억하게 해 달라고 기도해야 하나요? 내가 우리의 기억을 잊거나 당신이 우리의 사랑을 기억할 때까지 기쁨이란 없을 것이다."라고 말한다. 하지만 몸의 기억을 망각한 지그프리트에게 사랑의 의미는 이미 물 건너간 것이나 다름없다. 기억이 있어야 의미가 발생하기 때문이다.

글쓰기치료 또한 브룬힐이 애써 찾으려는 몸의 기억과도 같은 것이라 할 수 있다. 몸으로 각인된 기억, 즉 마음에 새긴 기억이 가장 질기고 모진 것이기 때문이다. 이처럼 보이지 않는 땅 속 깊이 묻혀 있는 인간의 기억이자 상처를 다시 찾는 작업이 바로 글쓰기치료이다. 이것이 바로 몸의 기억과 글쓰기치료의 원리가 갖는 공통점이자 치유의 원천이라 할 수 있다. 인간이 가진 기억의 대부분은 몸의 기억이다. 이것을 역으로 글, 즉 문자의 힘으로 풀어낼 수 있을 때 비로소 인간은 몸과 언어라는 형상화를 통해 치유의 길에 도달할 수 있다고 본다.

우울장애 완화를 위한 글쓰기

사례 2_영화 『글루미 선데이Ein Lied von Liebe und Tod』의 안드라쉬

이 영화에서 글쓰기치료를 몸소 체험하고 있는 인물은 작곡가이자 피아니스트인 안드라쉬이다. 작곡을 하면서 동시에 가사를 쓰는 안드라쉬는 자신의 꿈이 현실로 옮겨지지 않자 좌절하는 인물이다. 자신이 쓰는 곡이나 가사가 그에게는 별 위로가 되지 못하지만, 창작을 함으로써 그는 예술적인 상상력을 얻고 삶의 의미를 찾아간다. 그는 이상을 상실하여 전형적인 우울증 증세를 보이며, 늘 삶에 대해 불안해 하고 확신감을 느끼지 못한다. 그래서 더 우울하다. 우리가 우울증에 관심을 가지고 또 우울증을 위험한 것으로 간

주하는 이유는 우울증 환자들의 자살 성향 때문인데, 그 자살 성향의 비밀을 푸는 열쇠가 바로 가학증이라 할 수 있다. 외부 세계의 대상에 대한 자아의 원초적 반응을 표현하면서 그 대상에게 발산되었던 적개심이 자아에게로 되돌아오게 되면, 자아가 자신을 죽일 수도 있기 때문이다.

프로이트의 연구에 의하면 안드라쉬의 자살은 전형적인 우울(증)에 의한 것으로 볼 수 있다. 만약 그가 사랑하는 대상의 상실로 인한 슬픔을 가졌더라면 시간의 경과에 따라 그 상황을 극복할 수 있었을 것이다. 하지만 안드라쉬는 이상적인 대상을 상실하였다. 따라서 그의 우울(증)은 일시적인 증상이 아니라 지속적이고 만성적이다. 그의 이상적 대상이 무엇인지는 학창 시절 교수가 그를 '스승을 능가하지 않으려는 학생'이라고 평가한 것에 대해 "항상 내게 기대가 크다며 대성할 거랬죠. 한데 틀렸어요."라고 말하는 그의 모습에서도 잘 나타난다. 그는 교수에게 인정받을 정도로 음악적인 재능을 가지고 있었지만 현실적으로는 작은 레스토랑의 피아노 연주자에 불과하다. 이 때문에 예술가라는 이상을 상실하고, 그 상실감이 다른 대상에게 표출되는 것이 아니라 그 자신에게 되돌아와 우울로 표출된다. 이 영화에 나오는 자살자들이 그러하듯 안드라쉬도 그 고통에서 빠져나오기 위해 자살을 택한다. 자살은 자아가 또 다른 자아를 타살시킨 것으로 볼 수 있다. 그의 자살 원인을 한스의 무리한 요구나 일로나와의 관계에 의해서라고 볼 수 있지만, 사실 안드라쉬의 자아가 이미 쉽게 깨질 수 있는 상태였다고도 생각해 볼 수 있다. 무엇보다도 안드라쉬가 일로나의 생일 선물로 작곡한 〈글루미 선데이〉라는 노래가 그의 우울(증)을 입증해 주고 있다.

억압 극복을 위한 글쓰기

사례 3_『독일어 시간』의 지기

문학적 행위가 경우에 따라서는 억압이나 강박 자체가 되는 역기능의 경우도 문학 속에서 빈번히 찾아볼 수 있는데, 그에 대한 실례로 지그프리트 렌츠의 『독일어 시간』을 들 수 있다. 여기에서 그림을 훔친 죄목으로 청소년 교도소에 수감된 주인공은 "그들이 벌로 내게 글짓기를 시켰다"고 말한다. 독일어 시간의 담당교사로부터 '의무의 기쁨'이란 주제로 글짓기를 하라는 명령을 받았지만 "인식의 억압" 상태에 놓인 그는 오히려 글쓰기를 포기하고 결국은 빈 노트를 제출하게 된다. 그리하여 그는 청소년 범죄자를 연구대상으로 하는 심리학도들에게 "차분한 격리상태", 즉 "시간과 고독"이 필요하다는 진단을 받고 독방에 감금되어 다시금 작문의 징벌을 받게 된다.[32] 다시 말해 주인공은 소년원에 감금되어 있으면서 일종의 작문형식의 소설을 쓰게 된다. 여기서의 글은 주인공이 회상하는 형식이 주를 이룬다.

이 독방 감금은 다른 소년원생들에게는 지독한 형벌로 느껴지지만 스스로 철저한 외부와의 단절을 원하는 주인공 지기에게는 오히려 편안한 도피처가 된다. 이처럼 혼자 있는 공간은 그 스스로를 돌아볼 수 있는 글쓰기의 좋은 조건이 된다. 주인공 지기가 필요로 하는 것은 자신의 개인적인 상처를 글로 옮길 수 있는 편안한 분위기이기 때문이다. 따라서 지기는 "10살짜리 아이의 관점에서 과거의 사건에 몰입하기도 하고, 서사적 간격을 통해 사건들을 평하기도 하면서" 자신의 이야기를 듣고 스스로를 치료하는 치료사의 입장과 참여자의 역할을 동시에 해낸다. 이것이 바로 주인공 지기가 글쓰기를 통해 억압과 강박을 스스로 치유하는 힘이라 하겠다.

32 지그프리트 렌츠(2000), 정서웅 역, 『독일어 시간』, 민음사, 9쪽 참조.

성장 발달적 글쓰기치료의 전형

/

사례 4_『데미안』의 싱클레어

글을 통해 마음의 위안이나 삶의 힘을 얻게 되는 장면은 헤르만 헤세의 『데미안』에서도 찾아볼 수 있다. 하숙집에서 가장 나이가 많은 알폰스 벡은 삶을 두려워하는 싱클레어에게 "두려워할 필요 없어, 싱클레어, 내가 이해를 못할까 하고 말이야. 사람이 이렇게 저녁에 안개 속을 걷는다면, 이렇게 가을 생각에 잠겨서 말이야, 그럼 뭐가 있는 거야. 그럴 때는 즐겨 시를 짓지. 난 벌써 알고 있어. 물론 죽어 가는 자연에 대하여 그리고 자연과 닮은 잃어버린 청춘에 대하여 시를 짓지. 하인리히 하이네를 봐."라는 말로 무기력해져 있는 싱클레어에게 용기를 북돋아 준다.[33]

이처럼 알폰스 벡과 싱클레어가 주고받는 대화 자체가 이미 시적이며, 이것을 읽는 과정에서 독자/(치료) 참여자는 치유적 힘을 얻게 되는 것이다. 이것은 인간의 성장 발달 과정을 통해 보여주는 글쓰기치료의 모형이라 할 수 있으며 결국 이러한 과정을 거쳐 인간은 어른이라는 통과의례에 도달할 수 있다. 인간이면 누구나 이러한 과정을 거쳐 성장하게 된다고 본다. 그리고 헤세의 싱클레어는 자신의 이중 인간이라 할 수 있는 데미안을 통해 이러한 과정을 경험하게 된다.

읽기치료에서 글쓰기치료로

/

사례 5_『책 읽어 주는 남자』의 미하엘

또한 슐링크의 『책 읽어 주는 남자』에서 미하엘은 부인 게르트루트와 헤어진 후 『오딧세이』를 읽으며 예전에 사랑했던 한나에 대한 그리움과 게르

33 헤르만 헤세(1997), 전영애 역, 『데미안』, 민음사, 95쪽 참조.

트루트와의 관계에서 생긴 아픔을 대체하려 애쓴다. 그는 "나는 오딧세이아를 읽기 시작했다. 나는 그 책을 게르트루트와 헤어진 후에 읽었다"라고 되뇌인다. 이처럼 문학이나 영화 속의 치료 극복 사례들은 한국이나 독일 할 것 없이 셀 수 없을 정도로 많다. 그것은 예술 행위 자체가 일차적으로 보상이나 소망 충족의 원리로 되어 있기 때문이라고 할 수 있다. 이는 읽기치료의 전형으로 볼 수 있지만 글쓰기치료의 한 예로도 볼 수 있다. 그래서 읽기치료가 점차 쓰기치료로 발전된 대표적인 사례라고 할 수 있다.

이것은 주인공 한나가 문맹으로 감옥에 가게 되면서 미하엘이 읽어 주는 문학작품을 통해 결국 글을 깨쳐 가는 것에서도 잘 알 수 있다. 한나는 읽기를 통해 글을 쓰게 되고 책을 스스로 읽는 즐거움을 얻게 된다. 결국 미하엘이 책을 읽어주면서 스스로 치료 받게 된다면, 한나는 책 읽어 주는 미하엘을 들으면서 치유력을 얻게 될 뿐만 아니라 스스로 쓰기라는 글쓰기치료를 수행하는 주체가 된다.

한편 이 작품에서 문자는 한나로 하여금 과거의 잘못을 직시하게 하고 통찰하게 하는 수단이 되어 결국 한나를 죽음이라는 선택으로 몰게 되는 역기능으로도 작동한다. 다시 말해 문자가 늘 순기능을 하는 것이 아니라는 것을 잘 보여주는 작품이다.

불안장애 해소를 위한 글쓰기

/

사례 6_『좀머 씨 이야기』의 좀머 씨

쥐스킨트의 『좀머 씨 이야기』[34]에서도 전형적인 독일 문학에서의 대인기피증 내지는 공포증이 글쓰기라는 통로를 통해 기술되고 있다. 여기에서는

34 파트리크 쥐스킨트(1998), 유혜자 역, 『좀머 씨 이야기』, 열린책들, 37쪽 참조.

주인공이 어느 누구와도 소통하지 않는 언어는 물론 행동을 상실한 자기 독백적 인물로 기술되고 있다. 그가 하는 일은 끊임없이 몸을 움직이는 것이다. 그는 서면 죽는다고 생각하며 아스라이 사라지는 물 속에서조차 걷는다. 여기서 주목할 것은 작가가 주인공을 관찰적 자아로 기술해 가면서 결국 글을 쓰는 작가 자신은 심리적 해소와 카타르시스를 얻게 된다는 점이다. 대부분의 작가들이 글쓰기를 통해 이러한 치유적 힘을 갖게 되는 것은 결국 주인공들의 고통이나 상실감에서 오는 소망 충족의 결과라 하겠다.

인격장애와 글쓰기

사례 7_『향수』의 그르누이

또한 쥐스킨트의 『향수』[35]에서 서술되는 주인공 그르누이 또한 글쓰기를 통해 지속적인 자기 성취를 그려가고 있다. 주인공 그르누이는 쉬지 않고 "도시를 돌아다니다 그 향기를 다시 찾아냈다는 황홀감에" 눈물을 흘리기까지 한다. 그는 "세상 사람들이란 멍청하기 이를 데 없어서 코는 숨쉬는 데에만 이용할 뿐 모든 것은 눈으로 확인할 수 있다고 믿는다"고 사람들을 비웃는다. 그리고 이런 완벽한 향기는 자신만이 찾아낼 수 있다며 스스로를 초월적 인물로 신격화한다. 이러한 그의 언어 묘사와 거침없는 행동들은 스스로에게는 직접적인 고통을 주지 않는, 즉 자아 동조적ego-syntonic[36]이라는 측면의 전형적인 인격장애자가 보이는 행동과 일치한다고 볼 수 있다. 그 외에도 파트리크 쥐스킨트의 남자 주인공들은 자신의 한계를 천재적 능력으로 대체하려는 강박에 시달린다. 다시 말해 작가는 이러한 병리적 측면을 글쓰기라는 수

35 파트리크 쥐스킨트(1995), 강명순 역, 『향수-어느 살인자의 이야기』, 열린책들, 258-259쪽 참조.

36 민성길 외(1996), 『최신정신의학』, 일조각, 287쪽.

단을 통해 최절정으로 치닫게 하는 동시에 독자들에게는 기존의 문학을 통해서는 얻을 수 없었던 신선한 충격을 주게 되는 것이다. 따라서 독자들은 그 동안 문단에서 소외되고 주목받지 못한 '악취', '향기', '냄새', '향수', '체취', '더러움' 등과 같은 일련의 세계들을 새로운 시선으로 체험하게 된다.

가학적 · 피학적 글쓰기 전략

/

사례 8_『옛 거장들』의 아츠바허

베른하르트의 인물들은 심리적 장애는 물론 몸을 폐기하는 등 신체적 장애 요소를 동시에 가진 인물들로 묘사되며 대부분 독설 어린 언어 묘사나 글쓰기를 통해 자신들의 병리를 발화한다. 『보리스를 위한 생일 파티』에서 자선 부인은 칭호가 무색할 정도로 독선적이고 이중적인 성격을 지닌 인물로, 작품에서 유일하게 정상적인 신체 조건을 가진 하녀 요한나에게 가학적 행동과 언사를 서슴지 않는다. 그녀는 철저한 강박적 편집증 증세를 보이며 심지어 요한나를 포함한 남편 보리스와 같은 자신의 주변 사람들마저 내면적 불구로 내몬다.

뿐만 아니라 그의 소설 『옛 거장들』에서 주인공 아츠바허(직업이 작가이면서 철학자인)는 자신의 독단적인 세계에 갇힌 인물로, 음악 평론가인 레거와 만나기로 약속한 시간보다 한 시간 먼저 와서 몰래 그를 관찰한다. 그의 관찰과 독설은 집요하여 괴테를 우스꽝스럽게 만들고 위대한 대가들을 시시하게 만든다. 그는 그날 저녁 레거와 함께 부르크 극장에서 관람한 클라이스트의 〈깨어진 항아리〉 공연이 "끔찍스러웠다"고 말한다. 그의 이러한 부정적인 시선은 존재하는 모든 것이 비정상적이라고 설파한다. 그에게 유일한 해소는 대상이 없는, 소통 불능의 강박적 독설뿐이다. 이처럼 작가가 바라본 세상은 모두 일그러지고 비정상적인 형상들에 불과하다. 이러한 글쓰기 전략은 현대인의 내면에 도사리고 있는 가학적 · 피학적 심리를 여과 없이 보여주고 있을 뿐만 아니라 그것이 바로 자기 자신과는 물론 세상과의 소통 도구임을 알게 해준다.

폭력과 글쓰기

사례 9_『나는 소망한다 내게 금지된 것을』의 강민주

여기에서 등장하는 강민주라는 여자 주인공은 성장 과정에서 왜곡된 자아상과 잘못된 인격을 주입식으로 습득한 인물로 묘사된다. 강민주의 인격은 유년의 가정 배경에서부터 왜곡되기 시작한다. 그녀는 여섯 살에 매를 맞는 어머니를 보고 아버지에게 장독 뚜껑으로 맞선다. 어린 시절부터 경험한 가정에서의 폭력은 그녀로 하여금 남자에게는 폭력적으로 저항해야 한다는 인식을 갖게 한다. 게다가 딸만은 자신과 동일한 처지가 되어서는 안 된다는 일념을 가진 어머니는 더욱 강인한 훈육으로 그녀를 내몬다. 이제 그녀는 세상과는 완전히 동떨어진 초월자로 성장하게 된다. 그녀는 세상에서 가장 멋진 남자를 소유할 힘을 가졌다고 생각하지만, 막상 한 여성으로 살아가는 능력은 없다. 다시 말해 어떠한 상황에서도 정상적인 이성과의 교제가 불가능한 것이다. 이것이 그녀가 가진 인격장애적 증상이다.

일반적으로 한국의 70년대, 80년대의 소설들이 보여주는 주인공들이 이러한 장애를 가진 경우가 많다.[37] 이러한 장애는 대부분 사회적으로 조건 지

37 이문열의 『우리들의 일그러진 영웅』이나 김원일의 『깨끗한 몸』과 같은 한국의 70년대 이후 소설들도 이에 속한다.

워진 것으로써 불우한 가정 배경이나 폭력적 가정 환경에서 유발되는 경우가 일반적이라 하겠다. 특히 한국 소설이나 영화에서 보여주는 인격장애는 사회학적인 범주 내에서 이해가 가능하다. 예컨대 인물들이 지닌 장애는 유사 장애를 가진 부모나 가정의 애정과 관심 부족으로 유발된 것이 대부분이다. 강민주 또한 그런 인물이다. 이 인물은 타인의 권리를 무시하고 침범하는 전형적인 반사회성 인격장애로 규정할 수 있으며, 도덕심이나 양심이 결여되어 있어 지속적으로 사회적인 범법 행위, 거짓말 등 타인의 권익을 뺏는 행동을 충동적으로 반복하는 경우라고 정의할 수 있다. 이러한 글쓰기 전략은 우리 사회에 만연한 폭력의 모습들을 매우 잘 대변하는 것으로, 이때의 작가는 글쓰기를 통한 치유보다는 상처 받은 심리의 완화나 폭력의 해소 등에 초점에 두는 경우가 많다.

상처 치유와 기억 치유를 위한 작화

사례 10_영화 『써머스비(1993)』의 타운샌드

이 영화에서 전쟁에서 돌아온 잭은 부인에게 남의 이야기를 늘어놓는데, 사실 이야기들은 모두 자기 자신의 이야기이다. 이것은 우리가 흔히 궁지에 몰리거나 상황이 불리해지면 거기에서 벗어나기 위해 자기가 한 일을 마치 다른 사람이 한 것처럼, 아니면 친한 친구가 한 일처럼 꾸며 내는 경우와 비슷하다. 이것을 문학에서는 작화라고 한다.

인간은 무의식적으로 궁지나 고통에서 벗어나기 위해 그것을 의식적으로 잊어버리려 하거나 다른 사람의 일처럼 행동하려고 한다. 어쩌면 이것은 인간이 살아가는 힘이자 원동력인지도 모른다. 그래서 때로는 이런 이야기들을 들어주고 보듬어 주는 것도 필요하다. 하지만 『써머스비』에서처럼 자신을 속이려다 목숨을 담보로 해야 하는 경우가 있다. 문제는 이것이다. 그리고 이런 기억들이 대부분 문학이 되고 예술이 된다.

문학이나 영화 텍스트를 잘 관찰해 보면 인물들은 하나같이 자신의 잘못을 누군가에게 혹은 자기 자신에게 고백하는 내용을 글로 써서 남기는 행위를 하는데, 그것은 문학이나 영화 텍스트에 고해성사의 고유 기능이 본질적으로 녹아 있기 때문이다. 가령 『써머스비』의 주인공은 살인이나 자기의 정체성을 숨겨야 하는 상황이 있게 되면 반드시 집으로 돌아오는 길에 물을 찾아 손을 씻는 의식을 한다. 또 『미스터 리플리Mr. Repley(1999)』의 톰은 늘 물이 있는 섬이나 바다를 찾는다. 그는 글을 통해 자신의 발자취를 남기는 행위도 한다.

이뿐만 아니라 작중 인물들이 자신의 정체성을 숨기기 위해 서슴없이 작화를 하는 경우도 찾아볼 수 있는데 이때의 작화는 결국 자신의 마음을 이야기로 옮기는 과정이다. 일종의 마음의 다시 쓰기re-printing라 할 수 있다. 자신들의 상처를 잊거나 치유하기 위해 무의식적으로 작화를 하는 것이다.

카타리나의 저널 쓰기를 통한 자가 치유

사례 11_『카타리나 블룸의 잃어버린 명예』의 카타리나

자신이 유년 시절부터 써 온 일기를 통해 자신의 범죄 혐의를 벗게 된 한 여성이 있다. 주인공 카타리나는 어느 날 우연히 댄스 파티에 초대되어 갔다가 한 남자에게 마음을 빼앗기게 된다. 하지만 다음 날 그녀는 그가 살인강도범으로 경찰에 쫓기는 신세라는 것을 알게 된다. 경찰은 그녀가 오랜 기간 동안 그의 연인이었다고 단정하고 그녀를 심문하기 시작하는며, 이 때문에 그녀는 하루 아침에 살인자의 연인이라고 낙인 찍힌다.

그러나 어릴 때부터 간단한 다이어리와 일기를 꼬박꼬박 써 온 카타리나는 경찰에게 그것을 무혐의의 증거로 제시한다. 그녀가 기록한 일상은 그녀가 나이를 먹어 가면서 나타나는 성장과 발달을 그대로 담고 있어 의심의 여지가 없는 내용들이었다. 심지어 기름을 주유한 비용이나 자동차로 다닌 거리의 킬로미터까지 기록하고 있어 경찰은 몇 년 전 그녀의 일과를 숫자 하나 하나에 이르기까지 정확하게 계산할 수 있었다. 이렇게 그녀는 자신이 쓴 글로 인해 무죄를 입증하게 된다.

카타리나의 일기는 또 다른 글쓰기 방식으로 텍스트 속의 텍스트라 할 수 있다. 하지만 치유적인 측면에서 보면 카타리나의 경우는 자기 치유에 실패한 경우라 할 수 있다. 왜냐하면 그녀는 감정에 앞서 자신을 모욕하는 기자를 총으로 쏘고 말기 때문이다. 글쓰기는 때로 주인공의 자의식을 너무 키운 나머지 정직해야 한다는 약간의 강박을 가져다주는가 하면, 때에 따라서는 자신의 문제를 유연하게 바라보는 힘이 오히려 감소시킬 수도 있다. 따라서 글쓰기를 포함한 다양한 문학치료적 매체들을 동시에 병행해서 수행하는 것이 치료의 효과를 배가할 수 있는 방법이다. 만일 전문문학치료사가 이런 주인공들의 문제에 개입을 하고 조정을 하였더라면 분명 죽음으로까지 치닫지는 않았을 것이다.

글쓰기치료의 효능

우리는 위에서 언급한 인물들을 통해 글쓰기치료가 가진 효능이 어떤 것인지 알 수 있지만, 역으로 글쓰기 활동 자체가 가진 한계나 부작용도 있다는 것도 알 수 있다. 예를 들면 카타리나나 렌츠의 경우는 오랜 기간 동안 글을 써 오는 과정에서 자기 세계에만 몰두한 나머지 외부에 대한 반응을 적절하게 표출하지 못하거나 어떤 경우에는 융통성을 잃는 역효과를 낳았다. 뿐만 아니라 이들은 글쓰기를 통해 지나치게 말이 없어지거나 자기 세계에만 빠지기도 한다. 글을 쓰는 주인공들이 등장하는 영화 텍스트나 문학 속의 인물들은 대부분 과묵하며 자기 세계에만 침잠되어 사는 경우가 많다. 이들은 대부분 융통성이 부족하여 세상과의 소통에도 문제가 많고 제대로 적응을 하지 못해 소외되기도 한다. 이런 경우는 글쓰기치료의 역기능으로, 언어화된 능력을 사회와 소통하는 능력으로 환원하지 못한 경우라 할 수 있다.

이것은 작중 인물들이 글쓰기치료 과정에서 치료사가 채워 주는 피드백이나 자신들이 쓴 글에 대한 반향을 실제로 체험하지 못하는 데 그 원인이 있다. 글을 쓰는 사람은 반드시 독자의 반응을 기대하게 된다. 그들에게서 자신들이 듣고 싶은 피드백이나 지지를 기대하는 것이다. 아이든 어른이든, 인간이면 누구나 스스로를 위로해 주는 말들이 어떤 것인지 잘 알고 있다. 때로는 너무 잘 알아서 문제가 된다. 그러나 진짜 심각한 문제는 스스로를 위로하는 말들을 잘 아는 것에 있는 것이 아니라, 스스로에게 상처가 되는 말들을 알고 있으면서도 언어화하지 않는 데 있다. 대부분의 사람들은 의식적으로든 무의식적으로든 자신에게 상처가 되는 말이 무엇인지 알고 있다. 그러나 이러한 말들은 내면의 상처나 콤플렉스 속에 깊이 숨겨져 있어서 어느 순간 거기에 작은 돌이 던져지면 자신도 모르게 과민 반응이나 격한 감정으로 대처하게 된다.

따라서 글쓰기치료에서 참여자들이 어떤 언어들을 가지고 작업을 해야 스스로에게 치료 효과가 있는지 알고 시작하는 것이 중요하다. 하지만 그러한 언어들을 진정으로 글을 통해 표현하는 것은 간단하지 않다. 특히 그러한 언어들이 주는 기억들은 부정적인 경우가 많아 그것을 소산하는 데 오랜 기간을 요하는 때가 많다.

이처럼 글쓰기치료의 효능은 일차적으로 참여자들이 글쓰기를 하는 과정에서 자기 자신에게, 즉 자신을 위로하는 언어와 표현들에 얼마나 진솔하게 대하느냐에 달려 있다. 왜냐하면 결국 그들이 언어화한 것이 그들 내면에 쌓인 분노와 상처를 보듬어 주고 또한 그것을 새로운 시각에서 볼 수 있는 힘을 가져다주기 때문이다. 다시 말해 글쓰기치료가 효능을 발휘하기 위해서는 치료사의 적절한 처치와 기술만큼이나 글을 쓰는 참여자 스스로의 마음가짐도 매우 중요하다고 할 수 있다. 왜냐하면 글을 통해 참여자가 내면을 자연스럽게 표현하기 위해서는 충분한 마음의 준비가 필요하기 때문이다. 글쓰기치료가 가진 치유적 힘을 얻기 위해서는 마음의 문이 열릴 때까지 기다려야 하며, 마음의 문이 열린 뒤에야 비로소 본격적인 글쓰기가 시작될 수 있다. 글쓰기치료는 그렇기 때문에 결과가 아니라 과정이다. 글을 쓰는 과정에서 이미 치료가 일어나는 것이다. 이것이 글쓰기치료가 가진 활력이자 장점이라 할 수 있다.

이러한 글쓰기치료의 특성을 일찌감치 간파한 독일의 유럽 정신건강 아카데미는 글쓰기치료가 집단치료의 장에서보다 개인치료의 장에서 더 많은 치료 효과를 거둘 수 있다고 보았다. 하지만 시간이 지나면서 글쓰기치료가 개인치료는 물론 정신과 병동의 집단치료에서도 좋은 효과를 가져다 준다는 것이 밝혀졌다.

또 최근 들어 페니베이커나 루츠 폰 베르더와 같은 글쓰기치료의 이론가들은 글쓰기치료가 우울증이나 일상의 스트레스를 없애고 치료하는 데 도움을 준다는 결과를 발표하였다. 뿐만 아니라 실제 글쓰기치료가 치료적인 차원에서 효과가 있다는 것은 물론, 모든 외부 시스템에 적응하고 방어할 수 있는 면역체를 형성하는 예방적 효과도 크다는 사실에도 거의 대부분의 이론가들이나 치료사들이 강한 공감대를 형성하고 있다. 특히 일상의 스트레스로 인해 나타나는 불안장애, 정서불안 등에는 매우 효과가 있다고 보고하고 있다. 글쓰기 치료는 본질적으로 인간 개개인의 독창적인 표현을 찾아내고 그런 과정을 통해 스스로 치유적인 에너지를 경험하는 과정이기 때문이다.

따라서 글쓰기치료는 언어적이고 은유적인 과정이라 할 수 있다. 글쓰기라는 창의적 활동을 통해 내적 정서로부터 올라오는 자기만의 언어를 발견하는 과정인 것이다. 수사가 거창한 언어를 만들어 내고 고안해 내는 것이 아니다. 누구에게 읽혀지기 위한 텍스트나 완벽한 글이 되기 위해 여러 번 수정 작업을 요하는 그런 글은 더더욱 아니다. 그저 우리 내면의 표현을 밖으로 걷어 올리면, 그것이 바로 나 자신을 위한 치료가 되는 것이다. 언어를 표현적으로 발견한다는 것은 글쓰기를 통해 자기 특유의 느낌을 찾아내고 표현할 수 있도록 나 자신만의 언어적 공간으로 들어간다는 것을 말한다. 자신의 느낌을 있는 그대로 언어적으로 옮기는 것은 스스로의 문제를 스스로 해결한다는 측면에서 이미 충분히 치유적이다.

그러므로 글쓰기는 일차적으로 언어적이고 문학적이다. 우리는 글이라는 표현된 텍스트를 통해 치유적 에너지를 얻는다. 이런 글쓰기 활동 자체가 나 자신의 의미를 보여주는 것이자 자기표현의 과정이기 때문에 상처 받은 마음을 이완해 주고 내부적 환경을 외부적으로 이끌어 냄으로써 좀더 강화된 자신의 모습을 발견하는 것을 도와준다. 결국 글쓰기치료의 효능은 우울한 자신을 제대로 알게 하고 그러한 스스로를 조절할 수 있는 긍정적인 자아를 발견하는 데 있다. 또 한 걸음 더 나아가 글쓰기는 자기 치유력을 강화하고, 체험하는 나와 관찰하는 나 사이의 분리를 통합하는 데도 큰 역할을 한다. 그 외에도 상태 예방적으로 강화할 수 있는 능력으로 과거 극복 능력, 현재를 직시할 수 있는 능력, 미래를 설계할 수 있는 능력, 자존감 강화 능력, 대인관계 회복 능력, 주변 및 환경 적응 조절 능력 등을 들 수 있겠다.

물론 글쓰기치료가 만병통치약이라는 뜻은 아니다. 다만 장기적인 글쓰기치료를 통해 긍정적으로 얻을 수 있는 능력은 매우 포괄적이고 비가시적이라 하나하나 모두 꼽을 수 없다는 말이다. 뿐만 아니라 글쓰기치료는 참여자 개개인에게 첫째, 자기와의 거리 유지 및 자기 통제 능력, 둘째, 자기 과거와 기억과의 거리 유지 능력, 셋째, 현실과 과거 사이의 구분 능력, 넷째, 기억과 상처의 통제 능력, 다섯째, 기대 지평의 확장 능력, 여섯째, 희망의 원리 인지 능력, 일곱 번째, 상황 인지 및 통제 능력, 마지막으로 분리된 자신을 통합하는 능력 등을 가져다 준다.

글을 쓴다는 것은 우리가 평소 일기를 통해 하루 일과를 되돌아보듯 우리 자신의 내면을 들여다보는 작업이다. 여기서 말하는 내면은 의식의 세계는 물론 무의식의 세계 또한 포괄한다. 따라서 글을 쓰는 과정은 우리 스스로를 정리하고 되새기면서 어떤 일이나 상황에 대해 새로운 방향을 설정하는 과정이라 할 수 있다. 물론 자신의 텍스트가 아닌 기존의 문학 작품이나 시 텍스트를 읽고 느낀 감흥을 다시 글로 옮기는 경우는 다를 수도 있지만, 이때도 선정되는 텍스트는 일정 부분 현실 세계를 명확히 직시하는 경우가 대부분이다.

가령 문학적 글쓰기나 정서적 글쓰기 작업인 경우에는 어떤 사안에 대해 규정이나 방향 설정이 아니라 상상과 비유를 통해 무한한 동경의 그림을 그려 나가는 경우가 허다하다. 이러한 텍스트들은 문학치료 세팅 과정에서 흔히 접할 수 있는 글쓰기 작업들이라 할 수 있다. 예컨대 우리는 음악이나 시 구절을 듣고 자신이 느낀 이미지들을 다시 나의 텍스트로 창작한다. 여기서 우리는 스스로 매체 간의 상호 호환적 경험을 하게 되는 기회를 갖게 되는 것이다. 따라서 글쓰기치료는 경우에 따라서는 단기적으로도 효과가 있겠지만, 가능한 한 시간의 여유를 가지고 소박하게 일상을 그려 나가는 작업부터 시작하여 다양한 글쓰기 형식을 자유자재로 사용하는 단계에 이르기까지 장기적으로 수행하는 것이 좋다. 이처럼 문학이라는 매체는 참여자들이 자신과 세계로부터 벗어나 마음껏 상상하고 표현할 수 있는 행동의 장이 된다.

chapterⅣ 06

글쓰기치료 활성화 기술

명상 Meditation

글쓰기치료는 매우 정적인 치료 기술이다. 따라서 글쓰기치료를 시작하는 단계에서도 정적인 매체를 사용하는 것이 특징이다. 예를 들어 조용한 음악을 들으며 참여자들이 깊은 명상의 시간을 갖는 것은 매우 효과적인 방법 중 하나이다. 이때 참여자들은 몸과 마음의 통합을 통해 비로소 자신이 어디에 와 있는지를 느낄 수 있다. 이처럼 글쓰기치료에서는 명상이라는 과정을 통해 참여자들이 지금 현재 상태의 자신을 인지하는 작업이 우선시된다. 앞서 〈글쓰기와 글쓰기 정서〉 파트에서 상술한 바와 같이 글쓰기치료에서는 참여자들이 심층의 언어를 외연화 과정으로 옮겨가기 위해서는 특정한 글쓰기정서를 필요로 한다는 것을 알 수 있다. 다시 말해 글쓰기치료가 기억을 떠올리고 되돌아보는 회상의 원리로 되어 있다면 독서치료의 경우는 기존의 문학작품을 읽고 그 텍스트에서 유발되는 일차적인 감정이입이나 카타르시스 체험 등에 초점을 둔 망각의 원리로 되어 있다. 이때 글쓰기치료에서는 명상이나 이미지기법과 같은 정적인 웜업이 기억을 활성화하는 데 매우 중요한 기술이 된다. 뿐만 아니라 명상은 참여자들이 마음을 모으고 생각을 정리하는 데 많은 도움을 줄 수 있다.

그 외에도 명상은 참여자들이 사유의 비약을 시도하거나 감정적으로 행동하는 것을 피할 수 있게 해 준다. 이를 통해 참여자는 스스로와의 적당한 거리를 유지할 수 있을 뿐만 아니라 자기 스스로를 조정하고 통제하는 능력까지 얻을 수 있다. 흔히 치료에 참여하는 사람들은 다른 사람들에게는 별 것 아닌 일이 이들에게는 상처로 다가오고 왜곡되어 보인다고 말한다. 글을 쓴다는 것은 결국 참여자 자신의 회상기억, 즉 자신의 과거를 토대로 한 작업이므로 참여자가 이러한 자신의 기억과 적절한 거리 두기를 하는 것은 매우 중요한 일이다. 이를 통해 참여자는 현실과 과거 사이를 구분하는 능력을 갖게 되며 기대 지평을 좀더 확장할 수 있는 힘을 얻게 된다. 그래야 비로소 제대로 글쓰기를 시작할 수 있는 자신만의 글쓰기 공간, 즉 새로운 기억의 공간이 마련될 수 있기 때문이다.

아울러 글쓰기치료는 항상 현재의 시점에서 자신을 되돌아보고 통찰하는 과정이기 때문에, 명상이 매우 유용한 매체가 될 수 있다. 물론 글쓰기치료에서의 명상은 아동이나 청소년들보다는 일반 성인을 주요 대상으로 한다. 청소년이나 아동의 경우는 놀이나 게임을 통해 치료에 들어가는 것이 이들의 감각을 활성화하는 좋은 방법이라 하겠다.

동작과 즉흥 퍼포먼스 Improvisation

인간의 표현 가운데 70%는 비언어적 요소로 구성되어 있다고 한다. 그래서 연극치료나 드라마치료를 하는 사람들은 표현예술치료가 비언어적 과정이라는 것을 강조한다. 뿐만 아니라 21세기 표현예술치료는 몸의 동작을 포함한 언어, 즉 정신과 육신의 통합이 이루어져야 치유적 힘을 얻을 수 있다고 역설하고 있다. 다시 말해 글쓰기치료 또한 결국 언어적인 과정과 비언어적인 과정 모두 순조롭게 이루어져야 치유적인 통합을 이끌어낼 수 있다는 것이다. 이것을 글쓰기치료에서는 도입 단계에 종종 사용하는 것을 볼 수 있는데, 이때의 시작 단계는 언어적인 표현보다는 참여자들의 내면을 간단한 동작이나 즉흥적 퍼포먼스를 통해 나타난다. 이것이 참여자와 참여자 간의, 혹은 참여자와 그 자신 사이의 상호 활동Interaktion이자 동시에 상호 감정 작용Interemotion이 된다.

롤랑 바르트는 "욕망이 존재하는 만큼 언어도 존재한다"고 말했다. 물론 이때의 언어는 비언어적 언어와 언어적인 언어 모두를 포괄하는 것이다. 따라서 상처가 존재하는 만큼 언어도 존재하기 마련이다. 왜냐하면 치료학에서 바라보는 인간은 모든 감각을 자유자재로 표현하고 체험하는 존재이기 때문이다. 명상이 매우 정적이고 자신과의 거리 두기를 유발한다면, 동작과 즉흥 퍼포먼스는 창의적인 자신이 가져다주는 희망과 기대의 원리를 인지하는 능력을 활성화시켜 준다. 이것이 아울러 참여자 자신에게는 주변에 대한 인지나 통찰이 효율적으로 이루어지도록 돕는다는 것을 쉽게 알 수 있다.

이처럼 글쓰기치료의 도입 단계에서 일반적으로 연극치료와 드라마치료에서 사용되는 동작이나 즉흥 퍼포먼스를 쓰는 것은, 무엇보다도 참여자들이 자신들의 몸을 유연하게 체험하고 자기 자신을 제어할 용기를 갖는 데 도움을 준다. 특히나 중요한 것은 참여자들이 스스로 마치 무대에 서 있는 것처럼 느낄 수 있을 뿐만 아니라 이러한 무대 체험을 통해 새로운 삶의 리소스를 찾게 된다는 것이다. 참여자들은 스스로 만들어내는 퍼포먼스와 동작 재현을 통해 창의적인 의미들을 스스로 발견해 내는 것이다. 또한 참여자들은 몸동작을 통해 자신들의 감각을 활성화할 수 있다. 물론 이것을 모든 참여자들에게 일반화할 수는 없지만, 간단한 동작 재현 정도는 기능적으로 누구든 시작할 수 있다는 장점이 있다.

이런 과정을 할 때 첫 단계에서 가장 중요한 것은 자신만을 위한 가장 편한 공간을 찾는 것, 즉 자기 자신의 입장/위치를 찾는 것이다. 간혹 자기 자리를 찾지 못해 우왕좌왕하는 참여자들을 볼 수 있는데, 그런 경우 치료사는 시간을 가지고 기다려 주며 현재의 심정을 한번 더 들여다보기를 권한다. 심한 저항을 보이는 참여자들에게는 우선 자신이 여기에서 접하는 장애물을 극복할 것을 유도하며 그냥 다양한 걸음걸이로 걷게 하는 것이 가장 좋다. 중요한 것은 여기서 어떤 입장이나 자세를 찾게 하고 몸의 역할을 의미화하게 하는 것이다. 아울러 말을 하는 대신에 행동하기를 권하고 이것이 잘 안되면 자신의 호흡을 한번 점검하도록 권한다.

경우에 따라서는 음악에 따라 마음 표현하기를 시도해도 좋고 중간 중간 얼음 동작/조각상Freeze이나 사진 촬영 포즈를 취해도 좋다. 치료사의 주제 지시에 따른 몸동작을 취하거나 상대방의 몸동작을 보고 응답하기와 같은 거울모션도 좋은 방법 중의 하나이다. 결국 우리 인간이 상처를 받는 것도, 기분이 나쁘다고 느끼는 것도 다 (몸)동작이므로 그것을 다시 한 번 재현하는 것이 부정적인 에너지들을 소산하는 데 도움을 주기 때문이다. 참여자 모두가 그룹 내의 연대적인 표현이나 재현한 것에 대한 메시지 만들기에 함께 참여하는 것도 매우 좋은 방법이다.

상상 기법 Imagination

글쓰기치료에서 사용되는 상상 기법은 위에서 소개한 명상 기법과는 달리 참여자들이 직접적인 상황과 사물을 떠올리게 함으로써 치료를 시도하는 방법이다. 경우에 따라서는 그룹에 참여하는 특정 인물이 상상의 대상이 되어 줄 수도 있으며, 또는 어떤 특정한 상황이 되어 줄 수도 있다. 상상 기법을 통한 이러한 과정은 참여자들의 참여 정도에 따라 매우 직접적이고도 즉흥적으로 수행될 수 있다. 물론 참여자가 원할 경우 자신이 받았던 상처나 고통을 가져와 바로 작업할 수도 있다. 다만 이런 경우에는 치료사와 참여자 간에 적절한 대화와 조정이 반드시 수반되어야 한다.

상상 기법에서 중요한 것은 늘 참여자의 현 시점에서 치료가 수행된다는 점이다. 따라서 상상 기법을 사용하는 치료사는 참여자에게 "지금 기분이 어떠세요?", "지금 상상 기법을 통해 피드백을 하면서 어떤 느낌이 들었나요?", "지금 이 순간 기분이 어떠세요?", "글쓰기치료를 하기 전과 변화된 것이 있나요? 있다면 어떤 것이 있나요?" 등과 같이 지금 현재의 관점에서 질문을 통해 참여자의 기분을 물어 주는 것이 중요하다.

chapter Ⅳ
07

글쓰기치료에서 웜업의 목적

- 글을 쓰기 위한 시간적, 공간적 여유 조성
- 모든 감각의 환기 및 활용
- 모든 표현 능력 활성화하기
- 항상 몸으로 시작하고 몸으로 마무리하는 중심력 잡기
- 감각 인지의 자극 및 멀티플한 표현 자극
- 일상을 창의적인 방법으로 재현하기
- 체험 활성화
- 관점 전환 및 시각의 다각화
- 다르게 말하고 싶은 문장이 있다면?
- 새로운 통찰 얻기
- 새로운 상황 얻기
- 다양한 몸의 체험
- 표현하면서 다양한 치유력 얻기
- 연대의식 체험하기
- 몸의 기억이나 몸의 저장고 체험하기
- 거리 두기 연습
- 상황 인지 및 통제 능력
- 분리된 자신을 통합하는 능력
- 자기와 주변에 대한 통찰

chapterⅣ 08

글쓰기치료의 치유적 글감과 글의 종류

모든 표현된 언어들은 언어가 될 수 있지만 그렇다고 모든 언어들이 표현된 언어가 될 수 있는 것은 아니다.(아우구스토 보알)

글쓰기치료를 하는데 거기에 또 무슨 치유적 글감이 필요한가 하고 의아해 하는 사람들이 의외로 많다. 당연히 글감이 필요하다. 참여자들이 쓰는 글은 대부분 치유적 글감이 가져다주는 영감이나 공감, 그것도 아니면 단어 하나가 던져주는 이미지나 기억의 소산이라 할 수 있다. 여기에서 쓰이는 글감들은 참여자들이 창의적이고 능동적인 글쓰기에 들어가기 전의 수용적 이미지 형성 단계에 영향을 주는 것들이 대부분이다. 전자가 글을 쓰는 데 필요한 감각을 일깨우는 것이라면, 후자는 참여자들의 체화된 서사leibliche Narration[38], 즉 서술된 이야기[39]라 할 수 있다. 다시 말해 몸의 감각과 체험한 삶의 이야기/텍스트 erlebte Ge-schichte의 자연스러운 만남이 이루어지는 공간이 바로 글감이다.

38 FPI의 2006년 문학치료사 과정 중, 삶의 서사/이야기들(Narrationen des Lebens)라는 주제로 열린 워크숍에서 일제 오르트가 다룬 내용을 인용함.

39 프로이트는 이것을 "제2의 창작 작업(sekundäre Bearbeitung)"이라는 개념으로 정의하고 있다. 문학치료나 글쓰기치료에서 참여자들이 만들어 내는 글/문학은 결국 이들의 삶의 경험에서 나온 이야기이라는 것이다. Sigmund Freud(1976), *Die Traumdeutung*, in: S. F., Gesammelte Werke II/III, Frankfurt a. M, S. 492ff.

따라서 여기서 사용되는 글감들은 참여자들이 자신들의 언어와 이미지로 형상화하여 쓴 텍스트와는 그 성격이 다르다. 치료사가 참여자들의 전체적인 그룹 성향이나 치료 목표를 고려하여 취사 선택한 글감들은 반드시 치료사가 두 번 정도 반복하여 천천히 낭독하는 것이 원칙이다. 참여자들 중 반복 듣기를 원하는 사람이 있다면 그 요청을 들어준다. 글쓰기치료에서 쓰이는 텍스트들은 치료의 시작 단계에서 일어날 수 있는 방어기제나 저항을 자연스럽게 완화하고 해소할 수 있는 유익한 매체이다. 그 외에도 글쓰기치료의 시작 단계에서 이러한 글감을 사용하는 이유는 참여자 자신의 경험과 글감이 주는 이야기가 만나 새로운 기억을 재구성하고 과거에 참여자들이 가지고 있던 세계와 구조에 대한 전환의 기회를 얻을 수 있다고 보기 때문이다.[40]

경우에 따라서는 "눈을 감고 편안한 자세로 들으세요"나 "자기만의 공간을 찾아 들을 준비를 하셔도 좋습니다"라는 지시를 해도 좋다. 중요한 것은 치료사와 참여자들 간의 친밀감이나 신뢰가 형성될 수 있는 편안한 분위기여야 한다는 것이다. 치료사는 글의 종류나 글감의 유형에 따라 그에 적절한 목소리, 제스처, 시선 등을 병행하여 낭독한다. 참여자들이 텍스트를 듣자마자 격한 반응을 보이거나 눈물을 흘리는 때도 종종 있다. 이럴 때는 당황하지 말고 그룹의 역동을 살펴 가며 여유를 갖고 기다려 준다. 그리고 "괜찮으세요?"나 "계속할 수 있겠어요?"와 같이 '지금 현재'의 심정을 묻는 것은 매우 중요하다. 그룹에 참여한 모든 사람들은 그러한 치료사의 물음으로 인해 자신들이 보호 받고 있다는 안도감을 갖게 되기 때문이다. 여기서 치료사와 참여자 간, 그리고 참여자와 참여자 사이의 신뢰가 조성되는 것이다. 여기서

40 Ilse Orth, 같은 곳.

사용되는 글감들은 대체로 하나의 스토리를 가지고 있거나 혹은 장면이나 이미지가 있는 텍스트들이 많다. 왜냐하면 참여자들이 글감을 통해 체험하는 이야기나 이미지는 "기억과 경험을 어느 한 구조 속에서 연결하는데, 그 구조는 형식적인 자아상으로서 삶을 규정하고 행위의 방향을 제시할 수 있기"[41] 때문이다. 따라서 참여자들은 이러한 글감을 통해 스스로 자신들에 대해 이야기할 수 있게 된다.

흔히 문예창작 방면의 글을 쓰는 사람들은 이야기의 구성이나 장소, 인물과 장면 등을 구상해야 하지만, 글쓰기치료에서의 글쓰기는 아주 단순한 감정이입에서 시작되어 치유적 깊이가 더해질수록 다양한 문체나 상상의 세계로 발전되어 갈 수 있는 것이 특징이다. 그래서 글쓰기치료를 장기간으로 지속하는 참여자가 소설이나 단편, 자서전적 글들을 출판하여 작가나 시인으로 등단하는 것을 자주 볼 수 있다. 글쓰기치료를 진행하는 과정에서 참여자들이 자신의 체험을 토대로 이야기를 만들어 나가거나 다양한 명상 과정을 거쳐 자신만의 창의적인 시들을 탄생시키는 경우가 많다. 글쓰기치료에서는 자기와의 거리 두기를 시도하기 때문에 3인칭 단수형의 소설 형식이나 "옛날 옛날에" 따위로 시작되는 동화 쓰기로 흥미진진한 텍스트들이 창작될 수 있다.

또한 글쓰기치료에 사용되는 글감들은 그것이 일기든 산문이든 시든 일차적으로 참여자들이 텍스트에 녹아 있는 문학적 의미 유형(인물, 문구, 배경, 단어, 공간, 은유나 상징 등)에 감정이입을 함으로써 공감의 정서를 제공할 수 있어야 한다. 물론 이때의 텍스트들은 대부분 긍정적인 의미와 결말을 갖는 것이 효과적이며, 길고 장황한 텍스트보다는 이해하기 쉽고 편안한 것이 좋다. 그 외에도 어떤 글감의 종류와 글의 형식을 치료 과정에서 사용될 것인지 선택

41 Dietrich Ritschl(1983), Das story-Konzept in der medizinischen Ethik, in: ders., Konzepte: Ökomene, Medizin, Ethik; gesammelte Aufsätze. München, S. 201-212. 심리치료사인 디트리히 리칠은 "우리는 우리에 대해 이야기할 수 있는 이야기다Wir sind die Geschichten, die wir von uns erzählen können"라고 말하며 개인의 기억은 항상 선별, 해석과 적용이 가능한 불투명한 이야기의 형식으로 되어 있다고 강조한다.

할 때는 무엇보다도 치료에 참여하는 사람들의 취향이나 분위기를 우선적으로 고려하는 것이 필요하다.

이와 같이 인문학적 영역에 속하는 모든 심리치료는 그것이 참여자가 쓴 텍스트이든 아니면 이미 기존에 존재하는 텍스트이든 간에 쓰여진 글이나 언어를 통해 마음의 치유를 얻어 가는 방식이다. 다시 말해 언어를 통해 참여자 스스로가 마음에 지지가 되는 힘을 찾아가는 과정이다. 여기에 치료사가 구조화된 치료 과정을 통해 개입하게 되면 지원Care이 되고, 이것을 통해 참여자가 스스로 활력을 얻어 나가면 지지Resource가 된다. 이런 과정에서 매우 유용한 수단이 될 수 있는 것이 바로 다양한 문학 텍스트들이다.

편지글

글쓰기치료의 시작 단계에서 즐겨 사용되는 텍스트들의 종류를 살펴보면, 가장 먼저 편지글 형식의 글감들을 들 수 있다. 편지라는 글의 형식은 대부분이 그 글을 듣는 참여자 자신들에게로 수신되는 것처럼 느껴지기 때문에, 감정이입이 쉽고 별다른 저항이 없어 간단히 활용될 수 있다. 예로부터 많은 작가들은 이 서간체라는 편지 형식을 빌려 그들이 묘사한 인물들의 생각과 감정을 별다른 작가의 개입이 없이 상술하는가 하면 연이어 일어날 사건들의 윤곽을 극적으로 전달하는 방식을 주로 사용하여 왔다. 그래서 이러한 방법을 쓴 소설들을 감상소설이라고 말하기도 한다. 독일 문학에서 괴테가 자신이 살았던 시대의 낭만주의적 절망을 주인공 베르테르를 통해 전한 것은 매우 잘 알려진 사례이다. 이 소설은 조용한 자연에 묻혀 자신의 우울증을 치료하겠다고 시골마을로 들어온 베르테르가 아름다운 여인 로테를 보자마자 운명적인 사랑에 빠져 주체할 수 없는 사랑의 감정을 친구인 빌헬름에게 보고하는 형식으로 쓰여 있다. 편지글 형식 외에도 매일매일의 감정과 일들을 기록한 일기체도 병행하여 사용되고 있다. 이것을 보아 이 시대에 이미 글쓰기치료와 저널치료가 베르테르를 통해 몸소 실천되고 있는 것을 알 수 있다.

그 외에도 괴테는 책머리에 "가련한 베르테르의 이야기에 관해 내가 찾을 수 있는 모든 것을 열심히 모아서 여기 여러분들 앞에 내어 놓습니다. 여러분은 그런 내게 감사하시리라 믿습니다. 여러분이 베르테르의 정신과 성품에는 감탄과 사랑을, 그의 운명에는 눈물을 아끼지 않으리라 생각합니다. 바로 베르테르의 슬픔에서 위안을 얻으십시오. 그대가 운명 때문에 또는 그대 자신의 잘못으로 절친한 친구를 찾지 못한다면 부디 이 조그마한 책을 그대의 친구로 삼아 주십시오."라고 적고 있다. 여기서 괴테가 이 작은 이야기가 평소 마음의 위로가 필요한 사람들에게 위안을 줄 것이라는 기대를 가지고 썼다는 것을 알 수 있다. 그래서인지 이 소설은 평소 우울증이 있다고 느끼는 사람들에게 읽히면 매우 감정이입이 잘 되며 글쓰기 작업을 하는데도 많은 활력을 가져다준다. 그 밖에도 글쓰기치료에서 도입 단계를 거쳐 글을 쓰는 실행 단계로 진입하기까지는, 치료사마다 일견 단순해 보이지만 참여자들의 그룹 특성이나 그룹의 역동을 참작한 고도의 치료기술을 사용하는 것을 엿볼 수 있다.

편지글의 형식은 본격적인 글쓰기 과정에 들어가기 전 단계에 즐겨 사용되는 것이 일반적이지만, 그 외에도 편지 쓰기라는 하나의 주요 의식으로도 쓰인다. 이때의 편지 쓰기는 참여자들이 치료 단계의 마무리 단계에 이르러

새로운 통찰과 시야를 열어 주는 데 매우 유용한 수단이 될 수 있다. 물론 여기서의 편지는 대부분이 자기 자신이 수신자가 되는 것이 일반적이지만 특정한 사람을 정해 놓고 써도 좋다. 이처럼 편지글이라는 형식이 참여자들에게 치유적 힘을 가져다주는 이유는 결국 그 편지를 스스로 읽고 스스로 정리한다는 데 있다. 따라서 이때 쓴 편지들은 다른 텍스트와는 달리 그냥 방치한다거나 치료 후 집으로 가져가기보다는 태우거나 찢어버리는 등의 마무리 의식을 함께 하는 것이 좋다.

이러한 편지글[42]의 형식을 영화 『천재소년 비투스』에서도 찾아볼 수 있다. 타고날 때부터 피아노는 물론 수학과 주식투자에도 탁월한 능력을 발휘하는 비투스는 천재로서의 삶에 환멸을 느껴 스스로 천재이기를 포기한다. 이런 그의 마음을 알아주는 사람은 할아버지가 유일하다. 천재로서의 삶을 답답해 하는 손자에게 할아버지는 마음을 담은 편지를 써서 하늘로 날려 보내는 의식을 거행하게 한다. 옆의 영화 장면에서도 볼 수 있듯이 편지글을 날려 보내는 두 사람의 표정은 한결 편안해 보인다. 이러한 의식은 참여자들의 치유력을 더욱 강화할 수 있는 매우 중요한 통과의례가 될 수 있으며, 여기에 편지글의 형식은 하나의 좋은 수단이자 매체가 된다.

영화 『천재소년 비투스』의 한 장면

이처럼 편지글은, 수신자가 있든 없든 편지를 쓰는 순간, 마음에 맺혀 있

42 이 부분은 2009년 9월 26일, 부산 경성대학교에서 〈통합문학치료와 매체〉라는 주제로 개최되었던 〈제3차 한국통합문학치료학회〉의 강연 내용(강은주, 「글쓰기 마음 쓰기」)을 참조한 것이다. 필자가 본 강연의 내용을 참조한 부분은 Progoff & Adam(2006)의 저널치료 기법 중 '보내지 않은 편지' 라는 글쓰기 기법이다. 이것은 FPI의 문학치료 과정에서 참여자들이 편지 쓰기 의식을 하는 것과 매우 유사하다.

던 언어들이 모래알처럼 쏟아져 나온다는 데 그 치유적 시원함이 녹아 있다 하겠다. 필자의 경험으로 보아 대부분의 편지는 편지를 쓰는 나 자신을 향한 글이 되는 경우가 많다. 여기에 편지글이라는 형식이 치료적으로 사용될 수 있는 근거가 마련된다고 본다. 아마 우리의 삶은 평소 못다 한 이야기를 언젠가 다시 꺼내보는 '보내지 않은' 편지와도 같은 것인지도 모른다. 그런 연유에서인지는 몰라도 편지라는 형식은 글쓰기치료는 물론 다른 심리치료 영역에서도 즐겨 사용되는 의식 중의 하나이다.

일기나 저널

나는 아직 누구에게도 그런 적이 없지만,
너(일기장)에게만은 모든 것을 신뢰하고 고백하게 되기를 바란다.
그리하여, 나는 너에게 위로와 안식을 구하려다.(안네 프랑크)

독일에서 전체 인구의 30% 이상이 매일 일기나 간단한 저널을 쓰는 것은 이미 잘 알려져 있다. 글쓰기치료에서 일기체 글들은 글쓰기치료를 시작하는 도입 단계에 매우 효과적인 영향을 줄 수 있다. 우선 이러한 형식의 글들은 자기 스스로를 돌아보고 정리하는 데 도움을 준다. 또한 일인칭으로 되어 있어 참여자 스스로가 그 글 속으로 몰입하기 수월하다. 인간은 본능적으로 이야기를 만들어 내는, 즉 작화하려는 욕망을 가지고 있지만 자신의 일을 기록하고 남기려는 욕망 또한 가지고 있다. 일기체는 또한 글쓰기치료의 과정에서 참여자들이 자신의 과거 기억들을 회상하는 데도 적절한 기능을 할 수 있다. 인간의 뇌는 과거의 경험들을 불러올 수 있는 신체 지도를 가지고 있다. 인간의 뇌는 동작, 색깔, 깊이, 동영상, 감정 등을 기억하고 인지하는 등 여러 영역으로 나누어져 있으며 또한 눈에 보이는 것을 왜곡하고 무시하고 또 새롭게 창조해 자신만의 이미지를 만들어 간다. 또한 인간의 뇌는 무엇을 볼 것인지 결정하지만, 그렇다고 해서 듣고 보는 것 모두를 기억하지 않고 선별적으로 기억하고 싶은 것만 기억하도록 결정한다.

따라서 글쓰기치료에서 일기체가 가진 텍스트들은 참여자들의 뇌 속의 기억, 즉 신체 지도 속으로 들어갈 수 있는 정서를 가져다준다. 결국 참여자들이 시냅스에 기록된 모든 보고 들은 것을 환기하는 기능을 할 수 있다. 물론 그렇다고 해서 기록된 모든 기억이 재생될 수 있는 것은 아니다. 다만 글쓰기치료는 이러한 모든 감각들을 활성화하는 것을 기본 원리로 하고 있다. 가령 신체적·정신적 트라우마가 있는 사람들에게 일기를 쓰게 하는 것이 매우 치유적인 방법이라는 것은 이미 잘 알려진 사실이다. 흔히 사고방식의 변화를 유발하여 참여자들의 삶의 자세나 방식을 바꾸는 치료를 철학치료라 하듯이 글쓰기치료는 언어로 형상화된 통합적 자아를 만들어가는 과정이다. 이처럼 글쓰기치료에서 다른 사람들이 쓴 일기들은 참여자들에게 자아 형성은 물론 자아 강화의 활력을 불어넣음으로써 긍정적인 영향을 미칠 수 있다. 참여자들은 이러한 텍스트들을 통해 자신이 가진 회상기억, 즉 과거의 경험들을 순수한 상처로서의 기억이 아니라 상상의 기억이나 창의적 기억으로 재구성하고 만들어나가는 에너지를 얻게 되는 것이다. 아울러 이러한 글쓰기치료는 "참여자 주도적으로 이끌어 가는 내담자-주도적이며 내담자의 자기 경영적 치료 방법"(강은주, 2009)으로 누구든 쉽게 접근할 수 있다는 것이다. 여기서 참여자들은 글쓰기치료가 가진 치유적 힘을 스스로 경험하게 되는 것이다. 따라서 글쓰기치료에서 정확한 기억을 그대로 기억해서 글을 쓰는 작업은 별 의미를 얻지 못한다. 경우에 따라서 기억이 너무 정확한 것이 이상 징후가 되기도 한다. 오히려 참여자가 어떤 특정한 사안에 대해 어떻게 그렇게 정확한 기억을 가지고 있는지 의문일 수도 있다. 이처럼 치료사는 세심하게 치료에 개입하고 조정할 필요가 있다.

이별 의식의 글

며칠 전 법정 스님의 법문집 『일기일회』를 읽고 "지금 이 순간은 생애 단 한 번의 시간이며, 지금 이 만남은 생애 단 한 번의 인연"이라는 말의 의미를 몸으로 느낄 수 있었다. 글쓰기도 이와 같지 않은가? 지금 이 순간 내가 만나는 언어들이 오로지 단 한 번의 내 언어들이자 내 생애 단 한번의 인연이 아니고 무엇이겠는가? 이처럼 우리 인간은 형상화된 언어를 통해 살아 있음을 확인한다. 참으로 신기한 것은 우리 모두가 무엇인가를 쓰고 있다는 것이다. 우리는 마치 밀폐 공포증에 걸려 방안에 가만히 앉아 있지 못하고 걷고 또 걷는 좀머 씨처럼 글을 쓰고 또 써 나간다. 언어를 느끼는 행복은 마치 우리가 살아 숨쉬고 있다는 느낌이 주는 행복과도 같은 것이다.

그 밖에도 우리는 가까운 사람과의 이별을 겪거나 소중한 사람을 갑작스럽게 잃었을 때의 상실감을 완화하기 위해 종종 이별 의식이나 제의식을 한다. 이것은 우리가 결혼식이나 장례식과 같은 제의를 반드시 공인된 의식으로 치루는 이유와도 유사하다. 가령 결혼식을 치룰 때 증인을 두는 것도 결혼할 사람들을 자연스럽게 결속시키는 서약으로 볼 수 있다. 이렇게 공인된 공동의 기억은 사람들의 정체성을 공고히 하는 기능을 하기도 하지만, 이것을 잃었을 때 또한 여기서 일탈했음을 알리는 의식을 치룰 필요성을 인지시키기도 한다. 물론 아픔이 있는 상황을 누그러뜨리는 심리치료 과정에서는 오랜 시간을 두고 치료의 마지막 단계에 이르러서야 이러한 의식을 치루는 것이 일반적이다.

그 외에도 우리는 문학치료나 다른 심리치료에서 애도 치유를 수행하는 경우를 볼 수 있는데, 가장 쉬운 예로 가까운 가족 중에서 누군가를 잃었을 때를 들 수 있다. 이러한 상황에 봉착한 사람들은 종종 갑작스럽게 닥친 상심과 슬픔을 주체할 수 없어 일상생활을 전혀 할 수 없게 되기도 한다. 이런 경우 글쓰기치료나 문학치료에서는 애도하는 사람의 입장에서 그동안의 많은 추억과 기억들을 하나씩 짚어가며 기억회상 작업을 돕는다. 혹은 이미 죽음을 앞둔 사람들과의 이별식을 매일 준비하는 사람들도 있다. 그렇다고 하더라도 누군가와의 이별은 참으로 힘든 일이다. 이러한 이별식에는 편지글이나 일기를 써서 읽어 주는 방법도 좋다. 아니면 예전에 좋았던 기억들을 다시 한번 상기할 수 있도록 과거의 이야기를 글로 옮겨 들려주는 것도 마음의 준비를 하는 데 도움이 된다.

글쓰기치료의 장점은 다른 치료와 달리 언어의 형상화를 통해 내면의 심리를 인지하고 성찰할 수 있다는 점이다. 이것은 인간이 하는 모든 일에서 요구되는 것으로 아무리 보기 좋은 몸동작보다도 언어로 된 제목 하나로 그 의미가 부각되는 경우와 유사하다. 이처럼 인간은 만남의 서약도 필요하지만 이별의 서약은 더더욱 필요하다. 따라서 글쓰기치료에서의 이별식은 이미 이러한 경험을 한 사람들의 이야기를 간접적으로 들려주고 그에 대한 참여자들의 느낌이나 자기 반향을 짚어 보게 하는 과정이다.

인간이 자신의 과거 기억을 가지고 있는 한, 누군가와의 추억이 남아 있는 한 상실에서 오는 이별의 아픔을 어떻게 완전히 치유할 수 있겠는가? 이별의 고통을 완전히 잊고 치유한다는 것은 불가능하다. 다만 이러한 치료 과정을 통해 이별 의식이나 애도 치유를 함으로써 우리는 우리가 가진 아픔을 더 이상 침묵하지 않아도 되며 언어의 형상화를 통해, 아니면 서사된 이야기를 통해 점차 아픔과의 거리를 두면서 객관화하는 재경험의 힘을 얻을 수 있다.

시 텍스트

일반적으로 거의 모든 문학치료 과정에서 시 텍스트는 가장 많이 사용되는 장르 중 하나이다. 특히나 글쓰기치료와 같은 정적인 치료에서 시라는 장르는 참여자들의 언어적 감각이나 기억장치를 환기하는 주요한 요인이 된다. 왜냐하면 기억병이나 애상병을 많이 다룬 것이 바로 시이며, 따라서 아픈 상처의 기억이 시 장르이기 때문이다. 그 가운데서도 우리나라의 시들은 이러한 특성을 가장 잘 보여 주는 텍스트들이다. 그래서 이런 시들은 흔히 우울장애나 상실과 같은 증상을 호소하는 참여자들에게 일종의 동류 요법으로 매우 효과적인 것으로 검증되고 있다. 그 외에도 시라는 장르는 이야기의 구성이나 뜻을 중시하는 소설 장르와는 달리 시어의 리듬이나 운문 형식으로 되어 있어 참여자들의 인지력이나 호흡에도 긍정적인 영향을 가져다 줄 수 있다.

또한 필자는 독일 FPI 연구소에서 문학치료사 과정을 체험하는 동안 거의 모든 문학치료의 도입 단계에서 독일 문학의 낭만주의 시들이 많이 사용되는 것을 알 수 있었는데, 그러한 시들이 깊은 감수성과 내면의 표현들을 담고 있어 필자의 언어적 상상력과 창의력을 동시에 자극하였던 것으로 기억하고 있다. 아울러 이러한 시들은 명료하면서도 긍정적인 에너지를 불러일으키는 특징이 있다. 이처럼 시 텍스트가 문학치료에서 많이 사용되는 이유를 일제 오르트는 참여자들이 시 텍스트를 통해 시가 가진 은유적 가치를 새롭게 인식하고 새로운 의미 부여를 할 수 있기 때문이라고 강조한다.[43]

그 외에도 오르트는 시에는 어떠한 해석도 판단도 필요가 없을 뿐만 아니라 모든 취사선택의 권한이 참여자 스스로에게 주어지기 때문에 그에 따른 창의적인 이미지나 자발성의 폭이 무한정 확장될 수 있다고 말한다. 뿐만 아니라 글쓰기치료에서 사용되는 시 텍스트는 참여자들이 자신의 감정을 편안한 상태로 조절하게 하면서 동시에 마음의 여유를 갖게 해준다. 왜냐하면 글쓰기치료의 치유는 감정의 상태가 아니라 정서적인 몰입 이후에야 가능해지기 때문이다. 따라서 글쓰기치료에는 지속적인 글쓰기 작업이 전제되어야

43 위의 내용은 필자가 2008 11월, FPI 연구소에서 수행하였던 문학치료 워크숍의 일부를 정리한 것이다.

한다. 다시 말해 글쓰기치료의 효과가 가시화되려면 참여자 개개인이 가진 상처나 고통이 어느 정도 완화된 이후의 시점이 되어야 한다. 모든 상처나 고통에는 그것이 제대로 치유될 수 있는 시간이 필요하다.

이것이 시 해석학적 관점에서 보면 기대 지평의 지연이 되어, 문학치료에서의 참여자들은 그들이 처한 현 시점을 넘어 미래지향적 사고로 전환하기 시작한다. 이때의 시 텍스트는 하나의 시 텍스트가 아니라 참여자들의 감각을 환기하는 주요 매체가 되는 것이다. 따라서 참여자에게는 자기 자신의 기억에 대한 새로운 가치와 의미가 부여되고 기억에 대한 새로운 해석의 권리가 주어지는 것이다. 이러한 의미의 내면화 과정은 글쓰기치료는 물론 문학치료 전반에서 매우 중요하게 간주된다. 치료에서 주로 사용되는 시 텍스트는 이러한 구조로 된 것이 대부분이다. 하지만 글쓰기치료에서의 참여자들은 시가 가진 언어 구성이나 내용보다는 어떤 특정한 단어나 문장에 더 많은 정감을 갖는 경우가 많다. 여기서 시는 하나의 감각 자료이자 참여자들의 의식을 일깨울 수 있는 문제성이다. 이러한 이유로 인해 참여자들 중 어떤 사람은 특정한 시어 하나나 시 구절 하나에서 많은 영감을 받는 경우도 종종 찾아볼 수 있다.

산문 텍스트

우리는 흔히 드라마치료나 연극치료에서 어떤 특정한 역할이나 사물을 몸으로 표현할 때보다, 그것을 몸으로 표현하는 동안의 느낌을 설명하고 피드백할 때 더 많은 것을 읽을 수가 있다. 이처럼 문학치료의 전반에서 참여자들이 스스로 쓴 혹은 표현한 텍스트를 자신이 읽고 듣는 것은 매우 중요한 과정이다. 왜냐하면 우리 인간은 표현하는 존재이자 서사하는 존재이기 때문이다.

인간은 어떤 감각을 사용하느냐에 따라 항상 다르게 이야기하고 다르게 표현할 수 있다. 때로는 이야기하면서, 때로는 표현하면서 극복할 수 있는 자신들의 극적 능력에 참여자들은 기뻐한다. 경우에 따라서는 그림을 그리면서 언어를 떠올리고 언어를 형상화하면서 그 이미지를 그림으로 옮기기도 한다. 이때 참여자들은 자기 본연의 서사적 정체성Narrative Identität을 형성하게 될 뿐만 아니라 자기만의 개성Identitätsbildung을 만든다. 이것을 도와주는 것이 바로 산문 텍스트이다. 이것을 보면 누구에게나 언어를 만드는 인간, 즉 호모 로쿠엔스homo loquens의 능력이 잠재되어 있음을 알 수 있다. 인간은 누구나 자신의 이야기를 상상과 허구라는 도구를 가지고 고안할 수 있는 능력이 있는 것이다.

이런 관점에서 글쓰기치료를 수행하려는 참여자들은 산문 텍스트는 물론 다양한 장르의 텍스트들을 읽고 들으면서 때로는 자기만의 인지 능력과 문장력을 발견해 나가는 것이 필요하다. 그렇다고 이러한 활동이 절대 강요되어서는 안 된다. 산문 텍스트들은 참여자들이 그것을 듣고 스스로 자기 능력을 찾아갈 수 있도록 도와주며, 스스로도 예상치 못한 심신의 활력Empowerment을 제공해 준다. 산문 텍스트는 참여자들에게 이것을 듣는 순간부터 마무리될 때까지의 집중력과 흡인력을 유발할 수 있다는 장점이 있다. 예컨대 참여자들이 그룹으로 글쓰기 작업을 해야 하는 경우 도입 단계에서 서로에 대한 친화력이나 긴밀감을 조성해 줄 수 있다. 경우에 따라서는 산문이 가진 인물의 심리와 의식의 흐름이 참여자들에게 공감을 불러일으킬 수도 있다. 따라서 치료사는 글감을 선택하는 데 있어 참여자 전체의 취향이나 교감을 충분히 참작해야 한다. 최근 들어 글쓰기치료에 효과가 있는 유익한 산문 텍스트들이 많이 소개되고 있어 참으로 다행스럽게 생각된다.[44]

44 글쓰기치료에서 사용되는 텍스트들은 개개 치료사가 각 치료의 장에 맞게 선별하는 것이 일반적이다.

동화 텍스트

글쓰기치료에서 참여자들의 감각이나 자발성을 불러일으키는 데 동화만큼 유익한 매체도 드물다. 동화는 장르의 특성상 참여자들이 유년의 기억으로 돌아가 마치 아이가 엄마에게 동화를 듣는 듯한 상황을 재현하는 경우가 많다. 이를 통해 동화는 참여자들이 어른의 사고에서 아동의 사고로 전환하게 하는 계기를 가져다준다. 왜냐하면 아동문학과 성인문학에서의 기억 방식에는 반드시 차이가 있기 때문이다. 아동문학에서의 기억 작용 방식에는 우선 놀이가 필요하며 기억의 방식으로서의 환상 공간이 요구된다. 아동은 어른들과는 인지하는 방식, 즉 사고하는 방식이 다르다. 또한 아이들은 특정한 체험 매트릭스가 아직 형성되어 있지 않기 때문에 동화라는 장르를 통해 기억의 모형이나 틀을 제공 받을 수 있다. 반면에 어른들은 이미 경험이 있어 매트릭스(틀)를 가지고 있을 뿐만 아니라 자기의 기억이나 체험 매트릭스로 마음대로 생각하는 성향이 있다.

이처럼 글쓰기치료에서 사용되는 동화 텍스트들은 이야기 자체가 중요하기보다는 그 속에 담긴 문제 해결 방식이 더 중요하다. 문제를 해결하였다는 안도감은 치료사의 편안한 목소리에서 시작된다. 참여자들의 치유는 목소리로 이루어진다. 텍스트를 읽어 주는 목소리를 통해 이들을 변화시키는 것으로, 이때 치료사의 목소리는 어린 시절 들어보지 못한 어머니의 목소리를 대신할 수도 있다.

인간의 감정은 수시로 변한다. 따라서 다양한 글감을 통해 글쓰기치료는 인간의 감성적 내성을 키워 나갈 뿐만 아니라 글 속에 담긴 내면의 소리를 듣게 해 주는 과정이라 할 수 있다. 이때 동화는 어린 시절의 기억 모형이 없는 참여자들에게 다양한 체험의 틀을 제공할 수 있다. 다시 말해 동화는 아동 문학이 아이들에게 기억의 모형을 만들어주듯이 참여자들에게도 새로운 기억의 틀을 줄 수 있다. 이때 동화는 참여자들에게 그동안 하지 못한, 혹은 경험할 수 없었던 상상력을 보완해 주는 기억 장치의 역할을 할 수 있기 때문이다. 참여자들에게 동화 내용은 분위기나 하나의 형식으로 기억된다. 이것이 바로 글쓰기치료의 도입 단계에서 참여자들의 자발성이나 상상력을 배가할 수 있는 에너지적 기억, 즉 활성화된 기억이 된다.

드라마 텍스트

글쓰기치료의 도입 단계에 드라마 텍스트를 사용하는 경우가 종종 있다. 하지만 이런 경우에 치료사는 반드시 드라마치료나 연극치료가 주는 치료적 효과를 잘 알고 있어야 할 뿐만 아니라 그에 상응하는 치료 기술 또한 겸비하고 있어야 한다. 왜냐하면 드라마는 장르의 특성상 말보다는 무대에서의 행동을 기본으로 하고 있기 때문이다. 그래서 각 참여자들이 가진 리소스들을 드라마화할 수 있는지를 우선적으로 체크해야 한다.

그 외에도 드라마 텍스트는 각 참여자들이 자신들의 한계를 넘어서는, 혹은 한계를 극복하는 훈련을 할 수 있기 때문에 무엇보다도 표현의 과정과 결과물에 초점을 두는 것이 특징이다. 여기에는 참여자들이 주어진 드라마 텍스트의 역할들을 다양하게 재현해 볼 수 있다는 장점이 있다. 특히 역할 재현을 통해 유년의 기억을 다시 한번 체험할 수 있으며, 경우에 따라서는 참여자 스스로가 소외감, 무시감과 경멸 등과 같은 가치 절하의 체험 등을 해

볼 수도 있다. 참여자들은 이러한 표현들을 통해 미래의 모습을 만들어 갈 수도 있다.

그러나 경우에 따라서는 주어진 역할이 퇴행을 재현하게 하는 경우도 있는데, 글쓰기치료에서는 퇴행 과정을 적극 권하지는 않는다. 물론 기존의 게슈탈트치료에서 퇴행을 경험하는 경우를 볼 수 있지만 여기서 중요한 것은 퇴행 후 다시 그 역할에서 빠져나오는 것이다. 아울러 주어진 드라마 텍스트를 다루는 과정에서는 반드시 글쓰기치료사가 역할 재현의 규칙을 미리 지시하는 것이 매우 중요하다. 따라서 글쓰기치료 내에서 드라마 텍스트를 이용할 때는 참여자들의 보호 공간을 제공하는 것이 필요하며, 참여자들이 스스로 역할을 맡아 무대에 서는 것도 중요하지만 관중의 역할을 하는 참여자들의 몫도 동시에 중요한 과제 중 하나이다.

드라마 텍스트를 사용하는 경우 치료사에 따라 보알 극[45]을 그룹으로 하는 경우도 있다. 먼저 간단한 몸풀기를 통해 참여자들이 스스로 자기 몸을 인식하고 어떤 특정한 문제를 제기하여 가해자와 희생자의 입장을 즉흥적으로 재현한다. 여기서는 참여자 모두가 실제 생활에서 느끼는 문제를 이야기하면서 바로 실제 장면과 역할로 들어가는 방법이 사용된다. 관객의 입장인 참여자들도 즉흥 역할과 즉흥 문제를 제시할 수 있다. 보알 극의 특징은 인간은 누구나 배우이면서 동시에 관객이라는 입장을 취한다는 것이다. 이러한 방법은 참여자들의 가장 근원적인 문제들에 접근할 수 있고, 참여자들 사이의 경계를 없앤다는 차원에서 참여자 모두가 주인공이 된다는 장점이 있다. 그 외에도 참여자들은 언어라는 매체 대신 행동이나 극으로 표현하거나

45 이 극의 형식은 아우구스토 보알(Augusto Boal)이 창립한 것으로, 관객과 무대, 배우와 관객의 경계를 없애고 관객을 연극의 주체로 세우려는 데서 시작되었다. 원래는 포스트모던의 파격적이고 실험적 연극의 성격으로 발전되어 오다가 관객의 적극적 참여라는 측면, 즉 개방성 및 즉흥성 등이 심리치료에서 수용되면서 지금은 연극드라마치료에 종종 사용되고 있다. 여기서 참여자들은 내면의 상처를 가진 근원적인 의미에서의 주체로, 무대 위의 배우이자 동시에 치료를 재현하는 대상이 된다. 이것은 필자가 지난 2009년 7월 FPI 연구소에서 수행하였던 연극드라마치료워크숍에서 실제 배웠던 내용을 정리한 것이다. 이 워크숍은 독일 연극드라마치료의 대가인 일로나 레빈(Ilona Lewin) 교수에 의해 개최되었다.

내면의 영화들을 서로 연결할 수도 있다. 또한 문학치료나 글쓰기치료에서 드라마 텍스트를 즐겨 사용하는 것은 사람은 본질적으로 하나의 고정된 인물을 수행하는 것이 아니라 다양한 역할과 기능을 할 수 있는 만능인물을 수행할 수 있다는 사실을 전제로 한다. 따라서 이런 사람들은 그저 그 자리에 그대로 머무는 것이 아니라 다양한 장면들을 만들어 내고 재구성할 수 있다.

드라마 텍스트는 글쓰기치료가 본격적으로 시작되기 전 참여자들이 몸으로 받은 상처나 언짢은 기분 등을 (몸)동작이나 표현을 통해 완화할 수 있는 기본 기술에 속한다. 글쓰기치료가 시작되기 전 반드시 참여자들은 맡은 동작이나 역할에서 빠져나오기 의식이나 역할 털기 의식을 거쳐야 한다. 치료학에서는 우리 몸 안에 모든 역할의 일부가 들어 있다고 본다. 따라서 어떤 새로운 역할을 소화해 낼 수 있는 리소스를 실제 삶으로 가져갈 수 있는 에너지도 가지고 있다고 본다. 따라서 글쓰기치료에서의 드라마 텍스트는 본격적인 글쓰기에 들어가는 활력소의 역할을 하는 것이다.

물론 이러한 모든 웜업 기술의 인지과정은 이미 그 자체에 치유력을 담지하고 있다. 왜냐하면 모든 인간은 긍정적인 활력과 에너지를 사용할 수 있는 가능성을 지니고 있기 때문이다. 여기에 위에서 제시한 모든 글쓰기의 종류들이 기여할 수 있는 여지가 생기며, 이것이 곧 치유의 원천이자 긍정적인 리소스가 된다. 이것을 통해 긍정적인 생각과 느낌을 얻을 수 있으며 몸의 저장고에 입력된 모든 정보들을 활력으로 변화시킬 수 있다.

강은주(2009), 「글쓰기 마음쓰기」, 제3차 한국통합문학치료학회 강연원고
김정규(2005), 『게슈탈트 심리치료』, 학지사
권석만(2000), 『이상심리학 – 침체와 절망의 늪 우울증』, 학지사
니콜라스 마짜(2005), 김현희 외 공역, 『시치료』, 학지사
메를로 퐁티(2002), 류의근 역, 『지각의 현상학』, 문학과지성사
변학수(2006), 『통합적 문학치료』, 학지사
유종호(1996), 「미메시스와 카타르시스」, 『유종호 전집 4 (문학이란 무엇인가)』, 민음사
마아틴 셀릭만(1999), 윤진, 조긍호 역, 『무기력의 심리』, 탐구당
아리스토텔레스(1990), 천병희 역, 『시학』, 문예출판사
알라이다 아스만(2003), 변학수 외 역, 『기억의 공간』, 경북대학교출판부
에즈먼드 R. 렁 (1997), 유은실 역, 『병리학의 역사』, 울산대학교출판부
이부영(2006), 『분석심리학』, 일조각
조광제(2007), 『몸의 세계, 세계의 몸』, 이학사
페니베이커(2007), 이봉희 역, 『글쓰기치료』, 학지사
펄스(1994), 우재현 외 공역, 『게슈탈트 치료 – 이론과 실제』 정암서원
프로이트(1997), 윤희기 역, 『무의식에 관하여』, 열린책들
프로이트(1999), 서석연 역, 『정신분석학 입문』, 범우사
채연숙(2004), 「문학치료와 현대인의 정신병리 – 문학과 영화 속의 우울」, 『뷔히너와 현대문학』

Bauer, Joachim(2002), *Das Gedächtnis des Körpers*.

C. G. Jung, Grundsätzliches zur praktischen Psychotherapie, G. W. Bd. 16.

Danzer, Gerhard(1996), *Dichten ist ein Akt der Revolte*, Würzburg.

Dietrich, Georg(1989), *Der Einsame Mensch in der Dichtung. Literaturpsychologie der Einsamkeit und der Einsamkeitsbewältigung*, Regensburg.

Engelhardt, D. v., *Bibliotherapie-Entwicklung, Situation und Perspektive*, in: Robert Bosch Stiftung(Hg.).

Fricke, Harald(1981), *Norm und Abweichung*, München.

Graf-Blauhut, Heidrun(1983), *Sprache: Traum und Wirklichkeit*. Wien.

Hellfardt, H.(1991), *Märchen und Märchentherapie in der Sicht der Individualpsychologie Alfred Adlers*, in: Petzold, H. Orch. I.(1991). Die neuen Kreativitätstherapien. Band I. Paderborn.

Iser, Wolfgang(1975), *Der Akt des Lesens*, Frankfurt a. M.

Jauß, Hans Robert(1977), *Ästhetische Erfahrung und literarische Hermeneutik*, Müchen.

Kast, V.(1988), *Wege aus Angst und Symbiose*, Müchen.

Ders.(1989), *Märchen als Therapie*, Müchen.

Kleber, D.(1982), *Bibliotherapie*: in Beitrag zur Geschichte und zur Begriffsbestimmung. Zentralblatt für Bibliothekswesen. 98(9), 390-399, Dresden.

Werder, Luts von(1986), ... *triffst Du nur das Zauberwort. Eine Einführung in die Schereib-und Poesietherapie*, München-Weinheim.

Müller-Weith, Doris, Neumann, Lilli(2002), Bettina Stoltenhoff-Erdmann(Hrsg.), Theater Therapie, Paderborn.

Nicholas Mazza(1999), *Poetry Therapy. Interface of the Arts and Psychology*, CRC Press LLC, p. 17.

Merkle, Rolf(1988), *Bibliotherapie. Der Einfluss des therapiebegleitenden Lesens auf das emotionale Befinden bei ambulant behandelten Patienten*. Mannheim.

Petzold, Hilarion u. Ilse Orth(Hrsg.)(1995), *Poesie und Therapie. Über die Heilkraft der Sprache. Poesietherapie, Bibliotherapie, Literarischen Werkstätten*, Paderborn.

Pfeiffer, Joachim(1989), *Literaturpsychologie. Eine systematische, annotierte Bibliographie*, hrsg. in Verbindung mit W. Mauser und B. Urban, Würzburg.

Ritschl, Dietrich(1986), *Das story-Konzept in der medizinischen Ethik*, in: ders., Konzepte: Ökomene, Medizin, Ethik; gesammelte Aufsätze. München.

Salber, Wilhelm(1972), *Literaturpsychologie. Gelebte und Erlebte Literatur*, Bonn.

Sieper, Johanna, Orth, Ilse, Schuch, Waldemar(Hg.)(2007), *Neue Wege integrativer Therapie*, Bielefeld und Locarno.

Ueland, Brenda(2002), Die Lust zu schreiben(Aus dem Amerikanischen von Kirsten Richers), Frankfurt a. M.

Weinrich, Harald(2000), *Lethe, Kunst und Kritik des Vergessens*, 3. überarb. Aufl. München: C. H. Beck.

Werder, Lutz von/Steinicke, Barbara-Schulte(2008), *Schreiben von Tag zu Tag*, Düsseldorf, p. 114.

Wolf, Doris(1989), *Bibliotherapie in der psychotherapeutischen Praxis. Der Einfluß des therapiebegleitenden Lesens auf kognitive Variablen und körperliches Befinden*, Mannheim.

Worbs, Michael(1988), *Nervenkunst. Literatur und Psychoanalyse in Wien der Jahrhundertwende*, Frankfurt a. M.

Zehentbauer, Josef(2001), *Melancholie. Die traurige Leichtigkeit des Seins*, Stuttgart.